Klausurtraining

Heinrich von Kleist

Die Marquise von O...
Das Erdbeben in Chili

Von Matthias Richter

Ernst Klett Verlag
Stuttgart · Leipzig

Zitate im Text beziehen sich auf folgende Ausgaben:
Heinrich von Kleist: Die Marquise von O...
Text mit Materialien.
Ausgewählt von Nicola König.
Klett Editionen für den Literaturunterricht.
Ernst Klett Verlag, Stuttgart/Leipzig 2009.
ISBN 978-3-12-352453-0

Heinrich von Kleist: Das Erdbeben in Chili/Die Verlobung in St. Domingo.
Texte und Materialien.
Ausgewählt von Almuth Meißner.
Klett Taschenbücherei.
Ernst Klett Verlag, Stuttgart/Leipzig 2006.
ISBN 978-3-12-262660-0

Verfasser der Seiten 45–48 (Epische Grundbegriffe):
Jörg Ulrich Meyer-Bothling

1. Auflage 1 5 4 3 2 1 | 13 12 11 10 09

Alle Drucke dieser Auflage sind unverändert und können im Unterricht nebeneinander benutzt werden.
Die letzte Zahl bezeichnet das Jahr dieses Druckes.

Redaktion: Kerstin Maier, Bergisch-Gladbach; Ursula Schwarz
Herstellung: Carina Riehl

Layoutkonzeption: Kai Twelbeck, Stuttgart
Umschlaggestaltung: one pm Petra Michel, Stuttgart
Umschlagfotos: Avenue Images GmbH (RF/Radius Images/Masterfile), Hamburg; Avenue Images GmbH (RF/Masterfile), Hamburg; a bis z-Publishing GmbH, Leipzig

Satz: Marion Rackwitz, Paulinenaue
Reproduktion: Meyle + Müller Medien-Management, Pforzheim
Druck: Freiburger Graphische Betriebe, Freiburg

Printed in Germany
ISBN 978-3-12-352447-9

9 783123 524479

Liebe Schülerinnen und Schüler,

das vorliegende Heft bietet ein Intensivprogramm für alle, die sich schnell, aber gründlich auf eine Klausur zu Kleists Erzählungen vorbereiten möchten – sei es nun auf eine Klausur im laufenden Schuljahr oder auf die Abiturprüfung.
Im Unterschied zu anderen Übungsheften konzentriert sich das Klausurtraining zu „Das Erdbeben in Chili" und „Die Marquise von O…" auf zwei Pflichtlektüren des niedersächsischen Abiturschwerpunktes „Heinrich von Kleist". Im niedersächsischen Zentralabitur gibt es drei Besonderheiten: Den Abituraufgaben sollen in der Regel keine literarischen Texte zugrunde liegen, die bereits im Unterricht behandelt worden sind, sondern ein unbekannter Außentext. Dieser Außentext wird entweder auf die behandelten Pflichttexte bezogen oder auf die verbindlichen Unterrichtsaspekte, die zu jedem der drei thematischen Schwerpunkte für die Abiturprüfung bekannt gemacht werden.
Das vorliegende Heft trainiert den zentralen Aufgabentyp, der im Abitur des Landes Niedersachsen vorkommen kann:

- Analyse eines literarischen Textes mit erörterndem Anteil

Kleists Erzählungen werden in diesem Klausurtraining jeweils von einem Außentext her angesteuert. Damit erfüllen die Musteraufgaben eine wesentliche Bedingung des niedersächsischen Zentralabiturs. Auf einen thematischen Semesterübergriff wurde dagegen bewusst verzichtet, da alle Ideen rein spekulativ wären.

Das Heft ist in drei Teile gegliedert:

Teil I: Klausurtraining (S. 4)
Der zentrale Aufgabentyp wird schrittweise und systematisch anhand dreier Beispielklausuren erarbeitet. Jeder Durchgang durch eine Klausur ist in sich abgeschlossen und kann gesondert durchlaufen werden. Am Ende steht jeweils eine Musterklausur.
Die Erarbeitung der drei Klausuren erfolgt in sechs Arbeitsschritten, die sich – je nach Aufgabe – geringfügig unterscheiden. Mögliche Ergebnisse der einzelnen Arbeitsschritte und ihrer Teilschritte erscheinen im Heft farbig unterlegt – als Hinweis für Sie, wie Ihre Aufzeichnungen und Notizen aussehen könnten.

Teil II: Interpretation (S. 31)
Dieser Teil enthält knappe, auf die wesentlichen Aspekte konzentrierte Interpretationen der Erzählungen „Das Erdbeben in Chili" und „Die Marquise von O…". Sie sind systematisch nach Aspekten geordnet, die für die Erschließung epischer Texte, insbesondere Kleist'scher Erzählungen, von Bedeutung sind. Hier können Sie Ihre Kenntnisse der Erzählungen auffrischen und sich noch einmal über die Interpretationsergebnisse informieren, die für die Bearbeitung von (Abitur-)Klausuren unentbehrlich sind. Am Ende eines jeden größeren Abschnittes sind die wichtigsten Inhalte zusammengefasst – ideal zum raschen Wiederholen.

Teil III: Zum Umgang mit epischen Texten (S. 43)
Die letzten Seiten sind zum Heraustrennen und Falten gedacht – für das Lernen unterwegs. Hier können Sie die bei Klausuren geforderten Basiskompetenzen, das Wichtigste zu beiden Novellen in aller Kürze sowie die bei der Analyse von Prosatexten nötigen Grundbegriffe nachschlagen.

Zum Schluss wünsche ich Ihnen gutes Gelingen bei der Arbeit mit diesem Heft sowie bei Ihren Klausuren und in der Abiturprüfung viel Erfolg!

Matthias Richter

Musterklausur 1

Peter Sloterdijk (*1947): Der Zauberbaum (Roman) (1985)

Frankreich 1785. Während einer langen Fahrt mit der Postkutsche erzählt einer der Mitreisenden die folgende Geschichte:

Ich war ein Junge von etwa zehn, zwölf Jahren, damals, im Jahre 1755, als die Nachricht von dem schrecklichen Beben in Lissabon das ganze gebildete Europa in Zweifel und Entsetzen stürzte. Wie alle Kinder dieser Zeit war auch ich im Vertrauen darauf erzogen worden, Gott werde in seiner majestätischen Allmacht die Naturgesetze jederzeit so lenken, dass Natur und Menschenwelt in der bestmöglichen Harmonie miteinander existieren. Ich war mit Leib und Seele dabei, wenn ich in der heiligen Messe ministrierte. Mit kindlichem Stolz trug ich das Weihrauchgefäß hinter dem Priester, stammelte kräftig die lateinischen Formeln der Liturgie[1], als würde ich dadurch zum Mitwisser an wunderbaren Ordnungsworten.

Da drang eines Tages die Schreckensnachricht aus Portugal bis in unsere Stadt. (...) Ich sah in meiner Vorstellung alles so deutlich vor mir, als sei ich dabei gewesen: die Erde bebte und schwankte, das Meer brauste auf, die Schiffe schlugen zusammen, die Häuser stürzten ein, Kirchen und Türme darüber her, der königliche Palast wurde zum Teil vom Meer verschlungen, die geborstene Erde schien Feuer zu speien, denn überall meldeten sich Rauch und Brand in den Ruinen. Sechzigtausend Menschen, einen Augenblick zuvor noch ruhig und behaglich, gingen miteinander zugrunde, und der Glücklichste darunter war der zu nennen, dem keine Empfindung, keine Besinnung über das Unglück mehr gestattet war. Die Flammen wüteten tagelang fort, und mit ihnen wütete eine Schar sonst verborgener oder durch dieses Unglück in Freiheit gesetzter Verbrecher. Die unglücklichen Überlebenden waren dem Raub, dem Mord, allen Misshandlungen ausgeliefert, und so behauptete von allen Seiten die Natur ihre schrankenlose Willkür ...

Verstehen Sie, mein Herr, worauf ich hinaus möchte? Ich war noch ein Kind damals, und ich kannte keinen anderen Begriff von Gott als den katholischen, allgemeinen, wahrhaftigen, dem Gott, zu dem sich die Kirchtürme in den Himmel erheben. Zunächst keimte in mir nur ein Argwohn auf, es müsste auch bei uns demnächst beben. Ich schlich durch die Stadt und achtete darauf, ob nicht auch hier schon die ersten Risse in den Mauern zu sehen wären. Dann, als es mit mir schlimmer wurde, kehrte eine Angstvorstellung häufig wieder: in meiner Imagination sah ich den Turm unserer Kathedrale einstürzen – ich weiß es heute noch, als wäre es ein Traumbild der vergangenen Nacht: der Turm fiel in einer unheimlichen Stille langsam zur Seite, an einer Bruchstelle gleich über der Erde geknickt. In tödlicher Panik begann ich zu ahnen, dass dem Gott, der in dem Turm zu Hause sein sollte, die Erde längst aus den Händen geglitten war ...

... Ich wurde krank. Tagelang verweigerte ich jeden Bissen Nahrung, weil ich überzeugt war, von Heuchlern und Betrügern umgeben zu sein. Wenn der herbeigerufene Arzt mir unter die Augenlider sehen wollte, wehrte ich mich, als sollte ich umgebracht werden ... Ich verkroch mich in mein Zimmer, um mit Gott abzurechnen. Unerbittlich ließ ich die sechzigtausend an ihm vorüberziehen, einen nach dem anderen. Ich bestand darauf, keinen einzigen von ihnen zu übergehen. Oh, ich war streng mit dem Gott! Ich ersparte ihm nicht einen. Ich wollte nichts versäumen, um ihn an Unbarmherzigkeit zu übertreffen ... So ging es wochenlang in einem schrecklichen Ringen zwischen uns hin und her. Noch immer wollte ich kaum etwas essen, mochte mir die hypokritische[2] Umwelt noch so freundlich zureden und die Wangen tätscheln ... Manchmal kam auch ein anderer Arzt, den man in der Ratlosigkeit hinzugezogen hatte. Ich sollte ihm beweisen, dass ich das pater noster[3] sprechen, meinen Familiennamen nennen und den Krönungstag des Königs auswendig hersagen könnte. Ich ließ den Idioten unbeachtet stehen, worauf er meinen Eltern erklärte, mein Zustand lasse wenig Hoffnung ... Immer noch zogen meine Toten an der Kathedrale vorbei. Ich stellte sie dem Gott gegenüber und rief: hier ist noch einer, der an dich geglaubt hat! Diese Qualen, dieser Verrat! Und er hatte sich auf dich verlassen! Ich gab jedem einen Quader vom Turm mit auf seinen Weg ins Nichts, Stein um Stein. Ich weiß nicht mehr, wie viel Zeit verging, bis diese Arbeit zu Ende war. Vor meinen Augen war der Turm abgetragen, Gott kroch kläglich auf den Mauerstümpfen herum, hohl und schwach wie ein Schiffbrüchiger, der sich an die letzte Planke klammert. Noch immer schrie ich ihn an und nannte ihm die Namen der Betrogenen. Am Ende sah ich, wie er die Erde betreten musste. Sein Leib begann glasig zu werden und zu schmelzen, und er versickerte lautlos im Boden.

Als ich nach einiger Zeit gesund wurde, begann ich wieder auszugehen. Ich sah, dass die Kathedrale immer noch stand und dass alles, was ich erlebt hatte, einer von jenen Fieberträumen gewesen war, wie sie bei überreizter Einbildungskraft wohl öfter auftreten. Die klare Besinnung kehrte wieder, und meine Wahrnehmung unterschied sich in nichts von der anderer Menschen. Aber etwas blieb zurück – soll ich sagen: eine schärfere Beobachtung? Das meiste, was Menschen sagten und taten, erschien mir von nun an wie ein Schattenspiel oder wie eine hohle Übereinkunft zwischen menschenförmigen Automaten … ich hatte begriffen, dass ich alles, was mir begegnete, daraufhin ansehen müsste, ob es zur eigentlichen Wirklichkeit gehörte oder zu dem Schattenspiel, das sich äußerlich kaum vom Wirklichen unterscheidet und doch ein pures Nichts ist … (839 Wörter)

Aus: Peter Sloterdijk, *Der Zauberbaum*, Suhrkamp Verlag, Frankfurt a.M. 1985, S. 68–71.

Worterklärungen: 1 kirchlich vorgeschriebener Ablauf des Gottesdienstes; 2 scheinheilig, heuchlerisch; 3 das Vaterunser

---

Aufgabenstellung:

1. Geben Sie den Textauszug mit eigenen Worten wieder und analysieren Sie ihn.
2. Setzen Sie die Gedanken von Sloterdijks Ich-Erzähler mit Kleists Novelle „Das Erdbeben in Chili" in Beziehung und vergleichen Sie: Wie deutet Sloterdijks Ich-Erzähler das Erdbeben von Lissabon, und wie deuten die Figuren in Kleists Novelle das Erdbeben in Chili?
3. Prüfen Sie abschließend, ob die Aussage der Novelle als Ganzer zu der Einsicht passt, zu der Sloterdijks Ich-Erzähler gelangt, und begründen Sie Ihr Urteil.

1. Erstes Überfliegen des Textes – Aufgabenstellung erfassen

⟶ 2. ⟶ 3. ⟶ 4. ⟶ 5. ⟶ 6.

Überfliegen Sie den Text und notieren Sie die ersten Informationen und Fragen, z. B.:

Wer	►	Zentralfigur
denkt nach / erinnert sich	►	Darstellungsform
in welcher Situation	►	Ort, Zeit, Handlung
worüber/woran?	►	Themen

Formulieren Sie anschließend eine oder mehrere Verstehenshypothesen zum (oder auch Fragen an den) Text.

Abrechnung mit Gott: Veranlasst durch das zehntausendfache sinnlose Sterben beim Erdbeben von Lissabon ringt sich der Ich-Erzähler zu der Einsicht durch, dass Gott nicht der gnädige allmächtige Gott ist, der Natur und Menschenwelt zur bestmöglichen Harmonie lenkt, an den die Menschen geglaubt hatten (?) … dass das Erdbeben und Gott überhaupt nichts miteinander zu tun haben (?) …
Der Text stellt einen qualvollen Erkenntnisprozess dar …

Lesen Sie nun die **Aufgabenstellung** genau. Achten Sie auf die Arbeitsanweisungen und die Operatoren: Was wird von Ihnen verlangt?

Bei der **ersten Teilaufgabe** ist eigentlich „wiedergeben" in „analysieren" enthalten; die Verdoppelung enthält also den Hinweis, **zuerst** den Inhalt wiederzugeben und **dann** inhaltliche, formale, strukturelle und sprachliche Merkmale aspektorientiert darzustellen. Achtung: Die Inhaltsangabe wird oft unterschätzt! Wenn es wirklich „eigene Worte" sein sollen, gelingt sie erst, wenn der Text ganz verstanden worden ist. Sie sollten daher nicht gleich mit „fertigen Formulierungen" beginnen, sondern mit Stichworten.

Die **zweite Teilaufgabe** ist zweiteilig: Nach dem Doppelpunkt wird präzisiert, was genau miteinander „in Beziehung gesetzt" und „verglichen" werden soll. Hier finden Sie den orientierenden Hinweis, dass Sloterdijks Ich-Erzähler das Erdbeben „deutet". Das ist die Brücke zu Kleists Erzählung!

```
Sloterdijk: Ich-Erzähler deutet die Rolle Gottes im Zusammenhang mit Erdbeben
(von Lissabon)
Kleist: Verschiedene Figuren deuten die Rolle Gottes im Zusammenhang mit
Erdbeben (in Chili)
```

Die zweite Teilaufgabe ist eine Folgeaufgabe. Es kommt also sehr auf die sorgfältige Analyse in der ersten Teilaufgabe an.
Ein Vergleich soll ein Ergebnis haben – also von vornherein ein Fazit einplanen!
Bei Vergleichen dieser Art ist grundsätzlich immer mit denselben drei Möglichkeiten zu rechnen: 1. (überwiegend) Gemeinsamkeiten: hier: Die Figuren bei Sloterdijk und Kleist deuten die Naturkatastrophe auf die gleiche Weise. – 2. (überwiegend) Unterschiede: hier: Die Figuren deuten sie anders. – 3. (teils-teils): hier: Einige deuten sie gleich, einige anders.

Die **dritte Teilaufgabe** führt die zweite fort, bringt aber eine weitere Ebene der literarischen Kommunikation ins Spiel: die Aussage (oder Botschaft) von Kleists Novelle **insgesamt**, als Ganzer. „Prüfen" und „begründen" verlangt ein Sachurteil mit argumentativer Absicherung.

1. ⟶ **2. Text aspektorientiert erschließen** ⟶ **3.** ⟶ **4.** ⟶ **5.** ⟶ **6.**

Teilschritt: Inhalt sichern: Äußere Handlung (→ 1. Teilaufgabe)

Studieren Sie den Text mit dem Stift in der Hand: immer wieder lesen – Gliederungen ausprobieren und Abschnitte bilden – die inhaltliche Entwicklung skizzieren – Schlüsselbegriffe markieren – Einfälle und Stichworte notieren.
Überlegen Sie, welche besonders markanten Formulierungen Sie später als Zitate übernehmen sollten.

Halten Sie die äußere Handlung in Stichworten fest.

```
Ich-Erzähler, erzählt im Rückblick; Abstand zum Geschehen: 30 Jahre (erlebendes Ich:
10-12 Jahre alt, 1755; erzählendes Ich: 30-32 Jahre alt, 1785; keine Kommentare des
erzählenden Ichs!)
Situation und thematisch-inhaltliches Zentrum: persönliche Reaktion des erlebenden
Ichs direkt nach dem Erdbeben von Lissabon (60.000 Tote), ist davon tief erschüttert;
die Naturkatastrophe ist Auslöser einer existenziellen Krise („Angstvorstellungen",
„Fiebertraum");
lange andauernder Prozess („wochenlang"); Zustand für Außenstehende (Arzt) wahnhaft
und lebensbedrohlich;
am Ende Genesung, Rückkehr der „klaren Besinnung", aber mit grundlegend verändertem
Bewusstsein.
```

Teilschritt: Inhalt sichern: Innere Handlung und gedankliche Entwicklung (→ 1. Teilaufgabe)

Arbeiten Sie nun die innere Handlung und die gedankliche Entwicklung heraus. Achten Sie auf Kausalitäten und Stufen der Entwicklung.

1. Ausgangspunkt: Bis zum Erdbeben: unreflektierter, anerzogener, konventioneller katholischer Gottesglaube: Gott als gütiger Weltenlenker (vgl. Z. 3ff.).
2. Naturkatastrophe, genauer: die (vielen unschuldigen) Opfer, als Ursache der umfassenden Krise.

Verlauf:

Z. 9-20: Aufgrund der „Schreckensnachricht" intensive, halluzinatorische innere Bilder vom Erdbeben, „als sei ich dabei gewesen". (Dient zugleich als Information für die Leser.)
Z. 21-30: „Angstvorstellungen": Erdbeben auch zu Hause möglich? – Erwachen des Argwohns, dass „Gott (...) die Erde längst aus den Händen geglitten war".
Z. 31-51: schwere Erkrankung; „Fieberträume" und Abrechnung mit Gott.
Z. 52-61: Wiedererlangung der „klaren Besinnung" und einer wesentlichen Erkenntnis: Gott hat für den Erzähler aufgehört zu existieren (Verlust des – traditionellen? – Glaubens) und Notwendigkeit der Trennung von „eigentlicher Wirklichkeit" und „Schattenspiel" = „hohler Übereinkunft zwischen menschenförmigen Automaten";
nur die „eigentliche Wirklichkeit" ist tatsächlich vorhanden, existiert, während das „Schattenspiel", obwohl „sich äußerlich kaum vom Wirklichen unterscheidend" „doch ein pures Nichts ist".
Der Ich-Erzähler lernt also zwischen dem tatsächlich Existierenden und der Sphäre der bloßen Meinungen über das Existierende zu unterscheiden und erkennt das als wesentliche Forderung an sich selbst an („Ich hatte begriffen, dass ich alles, was mir begegnete, daraufhin ansehen musste, ob ...").
Gott ist offensichtlich nur dieser Sphäre der „hohlen Übereinkunft", des „Schattenspiels", des „puren Nichts" zuzuordnen.

Teilschritt: Sprachliche Gestaltung untersuchen (→ 1. Teilaufgabe)

Welche sprachlichen Mittel fallen im Text besonders ins Auge?

Im Teil „Fieberträume": Fantasien des Ich-Erzählers veranschaulicht durch sprachliche Bilder:

1. Zug der Getöteten an Gott vorbei;
   Ich-Erzähler als tyrannisches Subjekt, der Gott zwingt (Belege: „unerbittlich ließ ich", „ich bestand darauf", „war streng mit dem Gott" usw.);
   Kampfsymbolik
2. Bild vom Turm der Kathedrale, der von den Getöteten abgetragen wird als Symbol für das Schwinden der Macht Gottes im Bewusstsein des Erzählers;
   Bilder der Schwäche Gottes: „Gott kroch kläglich auf den Mauerstümpfen herum ..." – bis zu seinem Verlöschen: „... versickerte lautlos im Boden": ist für den Ich-Erzähler tot.

Schluss: begrifflich anspruchsvoll – genau bedenken und klären!

Teilschritt: Deutungsthese formulieren (→ 1. Teilaufgabe)

Nach diesen Vorarbeiten sollten Sie jetzt eine Deutungsthese des Textes formulieren können.

Der Text handelt von der Erschütterung des traditionellen Gottesbildes durch die Erfahrung einer Naturkatastrophe.

1. → 2. → **3. Erörterung vorbereiten** → 4. → 5. → 6.

Teilschritt: Sloterdijks Ich-Erzähler und Figuren in Kleists Erzählung vergleichen (→ 2. Teilaufgabe)

Sloterdijks Text liegt Ihnen vor, aber den Text von Kleist werden Sie in der Abiturklausur (mutmaßlich) nicht benutzen dürfen. Sie sind also auf Ihr Gedächtnis angewiesen.

Vergleichen Sie, wie Sloterdijks Ich-Erzähler und Kleists Figuren das Erdbeben jeweils deuten. Ihren Vergleich legen Sie am besten tabellarisch an.

Ich-Erzähler bei Sloterdijk	***Figuren bei Kleist***
Ich-Erzähler ist tief erschüttert und revidiert angesichts des Ereignisses seine bisherige Weltsicht sowie sein Gottesbild.	Fromme Fanatiker (Geistlichkeit und Bevölkerung …): Erdbeben als Strafe Gottes für menschliche Sünden (und was dafür gehalten wird), besonders gegen die Sexualmoral (Jeronimo und Josephe); Folge: Blindheit, Fanatismus und Mord. Jeronimo und Josephe: Erdbeben als Ausdruck der Fürsorge Gottes für die beiden Liebenden; Folge: Blindheit, Täuschung über die Wirklichkeit, vermeidbares unkluges Verhalten, das zum Tode führt.
	Beide Seiten deuten das Erdbeben als Eingreifen Gottes; lösen sich nicht von dieser Vorstellung – mit entsetzlichen Folgen. Ausnahme: Donna Elisabeth: Sie warnt vor der Teilnahme am Gottesdienst.
Ergebnis: Kleists Figuren bleiben ihrer Weltdeutung verhaftet; das Erdbeben führt keine Erschütterung der Weltsicht herbei, sondern wird nur als bestätigendes Zeichen interpretiert. Keine Figur in Kleists Erzählung wird an ihrer Weltsicht irre; Glaube verblendet – nur Donna Elisabeth schaut genauer auf die „eigentliche Wirklichkeit", ist aber vom fundamentalen Zweifel des Sloterdijk'schen Ich-Erzählers weit entfernt.	

Teilschritt: Sloterdijks Ich-Erzähler und Aussage von Kleists Erzählung als Ganzer vergleichen (→ 3. Teilaufgabe)

Stellen Sie die Einsicht des Sloterdijk'schen Ich-Erzählers der Gesamtaussage der Kleist'schen Novelle gegenüber. Wie passen die Aussagen zusammen? Begründen Sie Ihr Urteil.

Ich-Erzähler bei Sloterdijk	*Aussage von Kleists Erzählung*
Der Ich-Erzähler hat gelernt, keine vorgefertigten Meinungen zu übernehmen, sondern weiß nun, dass er sich selbst ein kritisches Urteil bilden muss.	Schwierigkeiten: keine zuverlässigen Kommentare oder „Merksätze", Aussage nur indirekt erschließbar. Fromme Fanatiker: unsympathisch; Mörder; sie erwarten göttliche Rache und werden selbst getötet (Ironie); ihre Sicht wird vom Handlungsverlauf nicht bestätigt. Die Liebenden: religiöse Deutung auch bei ihnen (göttliche Rettungstat); diese Fehldeutung der Ereignisse führt zur fatalen Entscheidung, am Gottesdienst teilzunehmen.
Ergebnis: Die Erkenntnis von Sloterdijks Ich-Erzähler und die indirekt erschließbare Botschaft von Kleists Erzählung harmonieren gut.	

1. → 2. → 3. → **4. Gliederung erstellen** → 5. → 6.

Beginnen Sie mit der schriftlichen Ausarbeitung erst, nachdem Sie eine Gliederung erstellt haben, an der Sie sich während des Schreibens orientieren können.
Halten Sie sich an die bewährte Aufteilung **Einleitung**, **Hauptteil**, **Schluss**. Aus der dreiteiligen Aufgabenstellung und den Aspekten der Textuntersuchung ergibt sich häufig schon eine bestimmte Abfolge in der Gliederung.

Einleitung:
Text präsentieren (Titel, Verfasser, Entstehungszeit), Hinweis auf Vorgehensweise (Ihr Programm)

Hauptteil:
1. Teilaufgabe
   Textwiedergabe
   Aspektorientierte Textanalyse
2. Teilaufgabe
   Vergleichende Textanalyse unter einer Leitfrage – mit abschließendem Fazit
3. Teilaufgabe
   Allgemeiner Textvergleich Sloterdijk – Kleist

Schluss:
Hier: Ergebnis der 3. Teilaufgabe, evtl. mit weiterführenden persönlichen Überlegungen

Die **Einleitung** eröffnet Ihren Aufsatz. Sie hat vor allem informierende Funktion – über den Text und über das, was Sie vorhaben. Sie ist in sehr hohem Maße leserbezogen: Sie hilft dem Leser, sich zu orientieren, womit er es zu tun bekommt und was ihn erwartet. – Es ist hilfreich, sich eine Standardformulierung zurechtzulegen, die Sie mit den nötigen Detailänderungen für viele Anlässe verwenden können.
Die hohe Kunst der Einleitung besteht darin, den Leser für das Thema Ihres Textes zu interessieren, ihn in den Text hineinzuziehen, ihn zum Weiterlesen zu verlocken.
Von professionellen Zeitungsschreibern lässt sich in dieser Hinsicht viel lernen.

Die Teilaufgaben sind in sich abgeschlossen, aber es ist sehr hilfreich für jeden Leser, wenn Sie Überleitungen formulieren, Ihr Vorgehen erläutern und Zwischenergebnisse festhalten.
Das hilft übrigens auch Ihnen als Verfasser, weil Sie sich selbst Rechenschaft darüber ablegen, wo Sie stehen, was Sie geklärt haben und was noch vor Ihnen liegt.

Der Schlussteil soll Ihren Text abrunden. Folgende Möglichkeiten haben sich bewährt:

- Sie resümieren Ihre Analyse und formulieren ein Fazit.
- Sie verbinden dies mit eigenen Gedanken und führen sie argumentativ aus.
- Sie greifen, sofern passend, aktuelle Phänomene auf und verbinden Sie mit den Ergebnissen der Textanalyse.

1. → 2. → 3. → 4. → **5. Klausur schreiben** → 6.

Formulieren Sie Ihre Gedanken wie in der Gliederung festgelegt. Bemühen Sie sich um gedankliche Ergiebigkeit und Schlüssigkeit Ihrer Ausführungen und um eine angemessene Art der Darstellung. Vergegenwärtigen Sie sich die Grundregeln des richtigen und zweckmäßigen Zitierens.

Einleitung:
Kein Naturereignis hat die Menschen im 18. Jahrhundert so erschüttert und so beschäftigt wie das verheerende Erdbeben, das im Jahre 1755 die portugiesische Hauptstadt Lissabon zerstörte und Zehntausende Menschen das Leben kostete. Heinrich von Kleist siedelt die Handlung seiner Erzählung „Das Erdbeben in Chili" zwar im Chile des Jahres 1647 an, aber seine Leser dachten unweigerlich an die Debatten, die im Anschluss an das Lissabonner Erdbeben geführt wurden und in denen die Frage im Mittelpunkt stand, inwieweit man derartige Naturkatastrophen als Ausdruck des göttlichen Willens interpretieren dürfe. Diese Frage spielt in Kleists Erzählung eine entscheidende Rolle – genauso wie in der vorliegenden Episode aus dem 1985 erschienenen Roman „Der Zauberbaum" von Peter Sloterdijk.
Im Folgenden werde ich diesen Abschnitt untersuchen, dann die Deutung des Erdbebens durch Sloterdijks Hauptfigur mit den Interpretationen vergleichen, die die Figuren in Kleists Erzählung der Naturkatastrophe geben, und schließlich prüfen, ob die Einsicht von Sloterdijks Figur zur Aussage von Kleists Novelle als Ganzer passt.

Hauptteil:
Teilaufgabe 1a: Textwiedergabe
In der vorliegenden Episode aus Peter Sloterdijks 1985 erschienenem Roman „Der Zauberbaum" berichtet ein etwa 30-jähriger Ich-Erzähler, wie er als Kind von zehn bis zwölf Jahren durch das Erdbeben von Lissabon in eine tiefe Krise

gestürzt wurde. Sein ursprünglicher anerzogener Glaube, dass Gott die Geschicke in Natur und Menschenwelt so lenke, dass alles in schönster Harmonie ablaufe, wird durch die Nachricht vom zehntausendfachen Tod unschuldiger Menschen derart erschüttert, dass der Junge krank wird, er mit Gott abrechnet, den Glauben an das ursprüngliche Gottesbild verliert und zu der Erkenntnis gelangt, dass es zur „Schattenwelt" einer „hohlen", also wohl: gedankenlosen „Übereinkunft zwischen menschenförmigen Automaten" gehört, die nur scheinbar zur „eigentlichen Wirklichkeit" gehören, während sie doch in Wahrheit „ein pures Nichts" seien.

Teilaufgabe 1b: Analyse

Der Ich-Erzähler berichtet seine Jungenderlebnisse (also die des erlebenden Ichs), ohne sie im Nachhinein zu kommentieren. Die äußere Situation der Episode wird durch die beiden Eckpunkte Nachricht vom Erdbeben in Lissabon als Auslöser einer existenziellen Erschütterung und Verlust des ursprünglichen Gottesglaubens und Gewinn einer neuen Weltsicht gebildet. Von dieser äußeren Situation erfahren wir sehr wenig: Der Junge wird krank, der Arzt hält ihn für wahnsinnig und dem Tode nahe, schließlich wird er wieder gesund. Wesentlich ist die innere Entwicklung, die genau dargestellt wird. Der Leser erfährt zunächst, wie das traditionelle, anerzogene katholische Gottesbild des Jungen aussah. Die „Schreckensnachricht" aus Lissabon wird unmissverständlich als Auslöser einer existenziellen Krise des Jungen dargestellt, die ihn lebensgefährlich erkranken lässt. Der Junge leidet an der Unvereinbarkeit des anerzogenen Glaubens an das fürsorgliche Walten Gottes und der Naturkatastrophe mit ihren grauenhaften Folgen. Er leidet an Angstvorstellungen, hält Gott deren Opfer vor und bezichtigt ihn des „Verrats" an den Menschen, die sich auf ihn verlassen hätten. Auffällig ist die Umkehrung der Machtverhältnisse. Es ist der Junge, der aktiv ist und den Gang der Dinge bestimmt, ja Gott gegenüber zum Tyrannen wird, „streng" zu ihm ist, ihn „unerbittlich" zwingt usw. Das zeigt die Wut des Ich-Erzählers. Hier verwendet Sloterdijk außerdem eindrucksvolle Sprachbilder, um die qualvollen Fantasien des Jungen auszudrücken, die als „Fieberträume" bezeichnet werden: die Getöteten lässt er in endlosem Zug an Gott vorbeiziehen, und sie tragen Steinblock für Steinblock den Turm der Kathedrale als Haus Gottes ab. Vor allem benutzt er eine stark vermenschlichende Vorstellung, um das Erlöschen des einstigen Gottesbildes zu verdeutlichen.
Dagegen ist der Schlussteil begrifflich sehr dicht formuliert. Die wesentliche Erkenntnis des Jungen besteht darin, dass man die Wahrnehmung der „eigentlichen Wirklichkeit" strikt trennen müsse von den auf Konvention beruhenden Ansichten über die Wirklichkeit. Diese nennt der Ich-Erzähler „hohl" und ein „pures Nichts". Die Menschen, die diese Trennung nicht vornehmen, nennt er „menschenförmige Automaten", also vernunftlose, niemals nachdenkende Wesen. Im Zusammenhang ist klar, dass sein einstiger „anerzogener", „allgemeiner" Glaube an Gott eine solche „hohle Übereinkunft" ist. Nur Unvernünftige, eben „menschenförmige Automaten" halten ihn für die Wirklichkeit, während er für genau hinsehende, nachdenkliche Menschen wie den Ich-Erzähler nach der Glaubenskrise ein „pures Nichts" ist. – Ob der Ich-Erzähler nur seinen traditionellen katholischen Kinderglauben verloren hat oder ob er gänzlich zum Atheisten geworden ist, bleibt offen.

Teilaufgabe 2

Bei diesen Figuren kann man zwei Gruppen unterscheiden. Auf der einen Seite stehen die frommen Fanatiker. Für sie ist das Erdbeben eine Strafe Gottes, aber nicht für eigene Sünden, sondern für Vergehen anderer, insbesondere für den Verstoß des jungen Paares gegen die Sexualnormen. Die Frommen zweifeln niemals und finden es selbstverständlich, andere für ihre wahnhafte Überzeugung zu töten. Auf der anderen Seite stehen zunächst Josephe und Jeronimo, die sich ebenfalls nicht von einer religiösen Deutung des Erdbebens lösen können, nämlich als

göttliche Tat zu ihrer Rettung. Weil sie Gott dafür danken wollen und weil sie durch die Menschlichkeit der Überlebenden im Tal geblendet sind, laufen sie ihren Mördern geradewegs in die Arme.
Fazit: Kleists Figuren bleiben ihrer Weltdeutung verhaftet. Das Erdbeben führt keine Erschütterung der Weltsicht herbei, sondern wird nur als bestätigendes Zeichen interpretiert. Keine Figur in Kleists Erzählung wird an ihrer in jedem Falle religiös fundierten Weltsicht irre. Der Glaube verblendet. Nur Donna Elisabeth schaut genauer auf die „eigentliche Wirklichkeit", ist skeptisch, warnt. Aber auch sie ist vom fundamentalen Zweifel des Sloterdijk'schen Ich-Erzählers weit entfernt.

Teilaufgabe 3
Die Frage, ob die Erzählung insgesamt zu der bei Sloterdijk formulierten Erkenntnis passt, ist nicht ganz leicht zu beantworten. Denn man kann nur Mutmaßungen anstellen, welche Aussage oder Botschaft die Erzählung hat. Es ist Sache der Interpretation. Weder enthält die Erzählung selbst entsprechende Kommentare, noch gibt der Autor welche. Allerdings spricht vieles für die These, dass Kleists Erzählung etwas Ähnliches zum Ausdruck bringt wie die Erkenntnis, die Sloterdijks Ich-Erzähler in der Auseinandersetzung mit dem Erdbeben von Lissabon gewinnt. Man muss dazu die Ansichten der Figuren, ihre Deutung des Erdbebens, die lakonisch und minimal kommentierte Handlung und die Art, wie die Sympathien des Lesers gelenkt werden, aufeinander beziehen. Die fanatischen Frommen sind durchweg äußerst unsympathisch und negativ dargestellt. Ihre Auffassung, das Erdbeben sei ein göttliches Strafgericht für menschliche Sünden, vor allem die Übertretung bestimmter Sexualnormen durch Josephe und Jeronimo, führt zu bestialischen Taten, die niemand gutheißen kann. Der Zusammenhang von Ansichten und Taten ist unmittelbar; die Predigt des fanatischen Priesters führt direkt zur Gewalt der „satanischen Rotte" in der Kirche. Ihre Ansichten erscheinen im Handlungszusammenhang nur als Motor perverser Mordtaten. Jeder verständige Leser muss diese Taten und ihre Motive ablehnen. - Die Ansichten der beiden Liebenden aber führen ebenfalls ins Unheil. Es wird deutlich, dass ihnen der Glaube, das Erdbeben sei ein fürsorglicher Eingriff Gottes, den Blick für die Wirklichkeit verstellt. Anstatt sich klug und besonnen in Sicherheit zu bringen, suchen sie die Nähe derjenigen, die sich tags zuvor noch mit Behagen an Josephes Hinrichtung weiden wollten. Diese Torheit führt sie ins Unglück. Die einen macht der religiöse Wahn zu Mördern, die anderen zu unfreiwilligen Opfern. Ob Kleist das tatsächlich im Sinn hatte oder nicht, die Erzählung zeigt jedenfalls, wie die Deutung des Erdbebens als Tat Gottes entsetzliches Unheil herbeiführt. Insofern bringt Kleists „Das Erdbeben von Chili" denselben Gedanken zum Ausdruck, den Peter Sloterdijk seinem Ich-Erzähler in den Mund legt - mit dem gravierenden Unterschied allerdings, dass bei Sloterdijk begrifflich klar und unzweideutig ausgesprochen wird, was bei Kleist allenfalls aus dem vieldeutigen und rätselhaften Text seiner Erzählung erschlossen werden kann.

Schluss:
Unglaubwürdig finde ich bei Sloterdijk, dass ein Junge im Alter von zehn bis zwölf Jahren zu einer derartigen Erkenntnis kommt, die er noch dazu so bilderreich darstellen kann.
Auch heute noch werden Naturkatastrophen von religiösen Fanatikern als Strafe Gottes interpretiert, wie der Fall des Linzer Pfarrers Wagner zeigt, der es in seinem Gemeindeblatt allen Ernstes für „nicht zufällig" hielt, dass der Hurrican „Catrina" in New Orleans ausgerechnet die Bordelle und Abtreibungskliniken zerstört hat. Kleists Erzählung ist also auf beunruhigende Weise aktuell.

1. → 2. → 3. → 4. → 5. → **6. Klausur überarbeiten**

Auch wenn es knapp wird: Teilen Sie sich Ihre Zeit so ein, dass Sie Ihre Klausur am Schluss noch einmal durchsehen, überdenken und überarbeiten können. Versuchen Sie, Ihren Text mit den Augen eines fremden Lesers zu sehen. Sie können sich dabei an den folgenden Kriterien orientieren:

1. Inhalt

- Habe ich die Aufgabenstellung genau beachtet?
- Habe ich mir die Operatoren klargemacht und sie beachtet?
- Habe ich die Aspekte und Schritte der Textanalyse beachtet?

2. Aufbau und Gedankengang

- Führt die Einleitung zum Thema hin? Habe ich es dem Leser leicht gemacht?
- Sind alle Informationen zum Text enthalten?
- Habe ich mein Untersuchungsprogramm dargestellt?
- Beziehen sich meine Gedanken klar auf die gestellte Aufgabe und mein Untersuchungsprogramm?
- Ist es für den Leser hilfreich, wenn ich an gedanklichen Übergängen mit einem Satz noch deutlicher mache, was ich vorhabe?
- Gibt es ein klares Ergebnis? Geht es aus meinen Ausführungen stimmig hervor? Habe ich dabei die Hauptgedanken knapp aufgegriffen?
- Habe ich meine Gedanken genügend argumentativ entfaltet? (Lieber eine Begründung mehr geben als eine zu wenig!)
- Liest sich meine Klausur flüssig – das heißt: Geht ein Gedanke in den anderen über, oder hakt es beim Lesen? (Dann ist meistens etwas unklar geblieben!)
- Habe ich Alternativen erwogen, wo es mehrere Deutungsmöglichkeiten gibt?
- Habe ich meine Darlegung am Text belegt?
- Habe ich korrekt und zweckdienlich zitiert? (Nur Wichtiges und von mir Interpretiertes wörtlich; sonst genügen Verweise mit „vgl." oder „siehe"!)

3. Sprache

- Treffender Ausdruck: Sage ich, was ich meine, und meine ich, was ich sage?
- Formuliere ich standardsprachlich angemessen?
- Benutze ich korrektes Fachvokabular?
- Sind meine Sätze übersichtlich gebaut? (Lange Sätze lieber teilen.)
- Sind die gedanklichen Bezüge grammatisch-syntaktisch korrekt und nachvollziehbar? (Kausalbeziehungen nicht mit „durch", sondern mit „weil"-Satz. Folgerungen nicht mit „somit", sondern mit „daher" oder „deshalb".)
- Sind Rechtschreibung und Zeichensetzung in Ordnung? (Lieber einmal zu viel im Wörterbuch nachschlagen als einmal zu wenig!)
- Habe ich nötige Korrekturen und Nachträge unmissverständlich und leicht nachvollziehbar markiert?

Musterklausur 2

Ein veränderter Schluss zu Heinrich von Kleists Erzählung „Das Erdbeben in Chili"

In der Zeitschrift „Monats-Rosen. Zeitschrift für Belehrung und Unterhaltung", Jahrgang 4, 1843, wird Kleists Erzählung „Das Erdbeben in Chili" zunächst wörtlich abgedruckt; der Schluss aber wird von einem unbekannten Verfasser neu geschrieben – und zwar so:

Niemals schlug aus einem christlichen Dom eine solche Flamme der Inbrunst gen Himmel, wie heute aus dem Dominikanerdom zu St. Jago; und keine menschliche Brust gab wärmere Glut dazu her als Jeronimo und Josephe. (= *bis hierher wörtlicher Abdruck von Kleists Text. Ab hier der neu geschriebene Schluss*:)

Nach dem Gottesdienste kehrte unsere Gesellschaft unter vertraulichen Gesprächen wieder zu den Ihrigen zurück. Am folgenden Tage eröffneten Jeronimo und Josephe der Gesellschaft den Entschluß ihrer Abreise nach La Conception, um von da aus sich nach Spanien einzuschiffen, wo Jeronimo's mütterliche Verwandten wohnten. Allgemeine Trauer verursachte dieser Entschluß in den Gemüthern der übrigen vertrauten Gesellschaftsgenossen.

Rührend war am folgenden Tage der Abschied, und unsere beiden früher Verurtheilten beschleunigten ihre Abreise um so mehr, als sie beim letzten Gottesdienste erkannt und aufgegriffen worden wären, wenn nicht Don Fernando Ormez, Sohn des Commandanten der Stadt, durch seine Vermittlung und durch sein Ansehen sie gerettet hätte.

Nach einigen Jahren unternahm Don Fernando Ormez eine Geschäftsreise nach Spanien, und erforschte bei dieser Gelegenheit den Aufenthalt der beiden Verbannten. Doch wie freute er sich, als er von diesen selbst vernahm, daß bei ihrer Ankunft in Spanien Jeronimo durch den kurz vorher erfolgten Tod seiner noch einzigen Verwandten, der Schwester seiner Mutter, als der einzige Erbe eines sehr beträchtlichen Vermögens an Geld und liegenden Gütern eingesetzt wurde. Don Fernando mußte auf ihr dringendes Bitten einige Zeit bei ihnen verweilen, und Zeuge ihres Glückes seyn. Als einmal in seiner Gegenwart beide Eheleute, mit Dankgefühl gegen Gott in ihrem Wohlstande, bei einander saßen, da ergriff Jeronimo Josephens Hand und sagte: Wahrlich, die Überzeugung, daß begangene Fehler nicht bloß hier unserm Gewissen, sondern selbst jenseits dem entkörperten Geiste die Ruhe raubt, soll uns nicht allein vom Bösen abschrecken, sondern wir wollen auch durch Lehre und Beispiel unsere Kinder davon abhalten.

Beide Eheleute gelobten sich dieses, und Gott schenkte ihrer guten Absicht Gedeihen. Ihre Kinder und Enkel waren gute, fromme und edle Menschen, und ihr Geschlecht blüht noch in Segen bis auf den heutigen Tag. (363 Wörter)

Aus: *Monats-Rosen*, Zeitschrift für Belehrung und Unterhaltung, Jahrgang 4, München 1843. Zitiert nach: Hedwig Appelt/Dirk Grathoff, Heinrich von Kleist: *Das Erdbeben in Chili*, Erläuterungen und Dokumente, Philipp Reclam Verlag, Stuttgart 2004 (= RUB 8175), S. 118 f.

Aufgabenstellung:

1. Analysieren Sie den Text im Vergleich mit der entsprechenden Passage von Kleists Erzählung „Das Erdbeben in Chili".
2. Legen Sie dar, wie sich durch diesen Schluss der Zeitschriften-Fassung die Gesamtbedeutung der Novelle verändert.
3. Nehmen Sie kritisch zu diesem veränderten Novellen-Schluss Stellung und zu den möglichen Gründen der Veränderung.

1. Erstes Überfliegen des Textes – Aufgabenstellung erfassen → 2. → 3. → 4. → 5. → 6.

Überfliegen Sie den Text und notieren Sie die ersten Informationen und Fragen, z. B.:

Wer	►	Zentralfiguren
tut/spricht/denkt – was/woran	►	Themen, Inhalt
in welcher Situation?	►	Ort, Zeit, Handlung
Wer erzählt davon in welcher Form?	►	Darstellungsform

Formulieren Sie anschließend eine oder mehrere Verstehenshypothesen zum (oder auch Fragen an den) Text.

```
Haarsträubende Verfälschung: Hasspredigt des Priesters und der dadurch ausgelöste
   Lynchmord werden gestrichen; alles Kirchenkritische wird so weggelogen;
   Happy End statt Katastrophe
Plump-auktoriale Erzählung
Gründe? Kleists Schluss offenbar unerträglich; Sehnsucht nach glücklichem Ende.
```

Lesen Sie die **Aufgabenstellung** genau. Achten Sie auf die Arbeitsanweisungen und die Operatoren. Was wird von Ihnen verlangt?

Die **erste Teilaufgabe** verlangt von Ihnen, dass Sie diesen Text nicht für sich analysieren sollen, sondern von vornherein im Vergleich mit dem Original. Der Originaltext wird Ihnen (wahrscheinlich) in der Abiturklausur nicht zur Verfügung gestellt werden. Der erwartete Vergleich kann sich deshalb nicht auf alle Details beziehen, sondern nur auf die wesentlichen Züge. – Die Kriterien des Vergleichs müssen Sie selbst festlegen: Inhalt, Thema, Handlung, Erzählweise, Sprache, Aussage.

Die **zweite Teilaufgabe** ist eine Folgeaufgabe. Sie lenkt den Blick auf die Bedeutungsveränderung, die Kleists Novelle als Ganze mit diesem neuen Schluss erfährt. Es kommt also sehr auf die sorgfältige Analyse in der ersten Teilaufgabe an.
Für beide Aufgaben gilt: Ein Vergleich soll ein Ergebnis haben – also von vornherein ein Fazit einplanen!

Die **dritte Teilaufgabe** führt die zweite fort, verlangt nun aber eine argumentativ entfaltete eigene wertende Stellungnahme.

1. → **2. Text aspektorientiert erschließen** → 3. → 4. → 5. → 6.

Teilschritt: Inhalt sichern: Äußere und innere Handlung (→ 1. Teilaufgabe)

Arbeiten Sie intensiv mit Markierungen und Notizen, korrigieren und präzisieren Sie auch immer Ihre ersten Verstehenshypothesen.
Überlegen Sie, welche besonders markanten Formulierungen Sie später wörtlich, als Zitate, übernehmen sollten.

Halten Sie fest, welche inhaltlichen Veränderungen der neue Schluss im Vergleich mit dem Kleist'schen Original bringt.

Äußere Handlung:
Situation: letzter Kleist-Satz unmittelbar vor Beginn des verhängnisvollen Gottesdienstes; beide Gruppen sind bereits eingetroffen, nämlich …
Dann Lücke: es fehlt die Hasspredigt des Priesters, die davon ausgelöste Lynchstimmung, das Erkennen Josephes und Jeronimos, das Massaker, die Neugründung von Don Fernandos Familie mit dem geretteten Philipp.
Vom ursprünglichen Schluss bleibt nur die Andeutung, dass Josephe und Jeronimo beim Gottesdienst erkannt und „aufgegriffen" und nur dank der „Vermittlung" Don Fernandos gerettet worden wären.
Völlige Neuerfindung: geglückte Flucht nach Spanien (dabei werden Stichworte des Originals benutzt: ursprünglicher und törichterweise aufgegebener Plan der beiden Liebenden); dort infolge Erbschaft Reichtum; viele Kinder; Besuch Don Fernandos bei den Eheleuten, die frühere heimliche Liebesbeziehung wird jetzt von den beiden Liebenden selbst als „begangener Fehler" gesehen; konventionell-religiöse Orientierung mit Frömmigkeitsgelöbnis und märchenhaft-verklärende Schlussformel.
Innere Handlung:
Nur die religiöse Bekenntnisszene am Schluss, sonst ausschließlich äußere Handlung.

Teilschritt: Erzählweise und Sprache (→ 1. Teilaufgabe)

Wie ist die Erzählweise gestaltet? Fallen Besonderheiten bei der sprachlichen Form auf?

Erzählweise:
Auktorialer Erzähler, der alles überblickt und die Handlung stark rafft. Wertende Charakterisierungen verraten konventionelle Werte und Normen bürgerlichen Lebens.
Der Erzähler gibt dem Leser eindeutige Orientierung - im Gegensatz zu der verstörenden Undurchsichtigkeit des Kleist'schen Erzählers, dessen hyperbolische (Feuer-)Metaphorik im ersten, aus dem Original übernommenen Satz noch aufleuchtet.
Sprache:
Konventionell, keine besonderen Auffälligkeiten.

Teilschritt: Deutungsthese formulieren

Formulieren Sie eine knappe Deutungsthese des Textes.

Der originale Schluss wird durch einen konventionellen ersetzt. Das märchenhaft-kitschige Happy End lässt alle Hoffnungen und Wunschfantasien des mit den Protagonisten bangenden Lesers in Erfüllung gehen.

Teilschritt: Vergleich der Aussage des gesamten Textes (→ 2. Teilaufgabe)

Zum Zwecke des Textvergleichs legen Sie am besten eine Tabelle an.

Rufen Sie sich den Aufbau des Kleist-Textes in Erinnerung. Welche Gesamtdeutung lässt sich aus dem Originalschluss ableiten? Beziehen Sie in Ihre Überlegungen mit ein, dass der Kleist-Text meist der Gattung „Novelle" zugerechnet wird.

Original	Bearbeitung
Allgemeine Vorüberlegung: Hohe Bedeutung des Schlusses für die Aussage und die Wirkung eines Textes insgesamt, Bsp. Witz, Märchen; gilt auch für Kleists Erzählung	
Aufbau von Kleists Erzählung: A-B-A: (A) Normalzustand der zivilisierten Gesellschaft: Macht, Kirche, moralische Normen bescheren unerlaubter Liebe tödliche Strafe – (B) Ausnahmezustand nach Erdbeben: Außerkraftsetzung der zivilisatorischen Mächte, Utopie gegenseitiger menschlicher Hilfe – (A) Wiederherstellung des gesellschaftlichen Normalzustandes: Nichts hat sich in Wahrheit verändert, allem ersten Anschein zum Trotz.	Radikale Operation: Das verstörende böse Ende wird weggeschnitten und durch ein erbauliches Happy End ersetzt: Wunscherfüllungsfantasie; statt A-B-A nunmehr A-B-B.
Ausdruck einer sehr pessimistischen Einschätzung des Weltzustands; in höchstem Maße kritisch gegenüber der (katholischen) Religion: Der Zusammenhang zwischen der Hasspredigt und dem Massaker ist für den Leser ein direkt kausaler. Die bösen Worte entfesseln die bösen Taten. Selbst das zaghafte Trotz-Allem des Schlusses mit der Neubegründung der Familie des Don Fernando steht unter dem Vorbehalt des „als ob". Die Liebenden führen ihren Untergang selbst herbei, weil sie die Lage nicht realitätsgerecht einschätzen. Bittere Pointe: bei entgegengesetzten Voraussetzungen herrscht dasselbe Denkmuster bei Tätern und Opfern. Schluss ist Zuspitzung der Handlung im Sinne der „unerhörten Begebenheit" (Goethes Novellendefinition); Einheit von Zeit und Ort der Handlung bleibt gewahrt.	Mit dem Schluss werden die Werte und Normen des alten Gesellschaftszustands einfach wieder in Kraft gesetzt: Familie, Vermögen, konventionelle Frömmigkeit. Der Riss, der bei Kleist durch die Welt geht, existiert hier gar nicht; „heile Welt" regiert. Schlussteil referiert Handlungsteile; keine dramatische Zuspitzung der Handlung.

1. → 2. → **3. Eigenständige Position entwickeln** → 4. → 5. → 6.

Hier wird erwartet, dass Sie neben Ihrer Kenntnis des Textes auch textüberschreitende Untersuchungsaspekte heranziehen und aus Ihrer Kenntnis der Entstehungsbedingungen, des Autors, der damaligen Zeit etc. eine Stellungnahme entwickeln, die interessant und lesenswert ist. Wichtig ist, dass Sie Ihre Gedanken auf das Problem der Aufgabenstellung beziehen und sich nicht im Allgemeinen verlieren und dass Sie sich um eine argumentative Entfaltung bemühen, wobei Sie auch veranschaulichende Beispiele verwenden können. Verschiedene Annäherungen sind denkbar.

1. Die Bearbeiter müssen Kleists Novelle geschätzt haben, sonst hätten sie sie ganz verworfen.
2. Schon bei Erscheinen der „Erzählungen" 1810 erregte gerade „Das Erdbeben ..." (in Wien) Anstoß, besonders wegen des Schlusses.
3. Der veränderte Schluss zerstört die ganze Erzählung; künstlerisch eine Katastrophe.
4. Ist das nicht sehr verständlich? Wir alle wollen, dass es „ein gutes Ende nimmt" - auch die Geschichte von Josephe und Jeronimo; wir sind entsetzt über ihre Naivität und über die abgrundtiefe Schlechtigkeit des Priesters und des Mobs; es gefällt uns nicht.
5. Welt- und Geschichtsbild der Aufklärung und der Klassik waren optimistisch. Kleists Auffassungen setzten sich davon ab.

Ordnen Sie die obigen Überlegungen nach Ihrer Wertigkeit. Welche Ansätze und Fragen überzeugen Sie, welche nicht? Gerade bei erörternden Aufgaben mit Operatoren wie „erörtern", „Stellung nehmen", „bewerten" müssen Sie sich überlegen, wie Sie Ihre Darstellung aufbauen.

1. → 2. → 3. → **4. Gliederung erstellen** → 5. → 6.

Beginnen sie mit der schriftlichen Ausarbeitung erst, nachdem Sie eine Gliederung erstellt haben, an der Sie sich während des Schreibens orientieren können.
Halten Sie sich an die bewährte Aufteilung **Einleitung**, **Hauptteil**, **Schluss**. Aus der dreiteiligen Aufgabenstellung und den Aspekten der Textuntersuchung ergibt sich häufig schon eine bestimmte Abfolge in der Gliederung.

Einleitung:
Text präsentieren (Titel, Verfasser, Entstehungszeit), Hinweis auf Vorgehensweise (Ihr Programm)

Hauptteil:
1. Teilaufgabe
   Vergleichende Textanalyse
   Abschließendes Fazit
2. Teilaufgabe
   Darstellung, wie sich die Gesamtbedeutung des Textes verändert

Schluss:
Hier zugleich 3. Teilaufgabe
Zusammenfassende kritische Stellungnahme

Bei der Formulierung der Einleitung können Sie sich an dem orientieren, was bei der ersten Musterklausur gesagt wurde (vgl. S. 13). Das Ziel Ihres Aufsatzes, nämlich der Textvergleich, sollte in der Einleitung deutlich werden.
Die Teilaufgaben sind in sich abgeschlossen, aber es ist für jeden Leser sehr hilfreich, wenn Sie Überleitungen formulieren, Ihr Vorgehen erläutern und Zwischenergebnisse festhalten.
Das hilft übrigens auch Ihnen als Verfasser, weil Sie sich selbst Rechenschaft darüber ablegen, wo Sie stehen, was Sie geklärt haben und was noch vor Ihnen liegt.
Der Schlussteil soll Ihren Text abrunden. Diese Musterklausur ist so konzipiert, dass die 3. Teilaufgabe bereits als Schlussteil angelegt ist.

1. → 2. → 3. → 4. → **5. Klausur schreiben** → 6.

Formulieren Sie Ihre Gedanken wie in der Gliederung festgelegt. Bemühen Sie sich um gedankliche Ergiebigkeit und Schlüssigkeit Ihrer Ausführungen und um eine angemessene Art der Darstellung. Vergegenwärtigen Sie sich die Grundregeln des richtigen Zitierens.

Einleitung:

1843, gut 30 Jahre nach Heinrich von Kleists Tod wurde in einer „Zeitschrift für Belehrung und Unterhaltung" mit dem poetischen Titel „Monats-Rosen" Kleists Erzählung „Das Erdbeben in Chili" erneut abgedruckt - mit einer bemerkenswerten Änderung: Der Schluss wurde komplett verändert und der Sinn der Novelle dabei auf spektakuläre Weise umgebogen. Mit diesem veränderten Schluss werde ich mich im Folgenden beschäftigen. Zunächst werde ich ihn mit dem Original vergleichen, danach untersuchen, wie sich die Gesamtbedeutung der Erzählung durch diesen neuen Schluss verändert, und abschließend werde ich mich kritisch mit dieser Änderung und ihren mutmaßlichen Gründen auseinandersetzen.

Hauptteil:

1. Teilaufgabe

Wir befinden uns am Beginn der Schlusses. Zum Dankgottesdienst haben sich alle Überlebenden in der vom Erdbeben verschonten Dominikanerkirche eingefunden.
Im Zusammenhang der Novelle sind das die beiden einander gegenüberstehenden Parteien: hier die Einwohner Santiagos, die tags zuvor noch der Hinrichtung von Josephe entgegenfieberten, dort die kleine Schar um das befreite und wiedervereinte Liebespaar. Kaum haben sie von diesem Dankgottesdienst erfahren, schieben sie im Taumel des religiösen Überschwangs alle Bedenken beiseite - ihre eigenen und die besonnenen Warnungen Donna Elisabeths, Don Fernandos Schwägerin - und eilen zur Kirche. Die Erfahrung der idealen menschlichen Gemeinschaft im Tal vor den Toren der Stadt hat in ihnen die Illusion genährt, dass nun die alte soziale Ordnung einer neuen, menschlicheren Platz machen würde, in der auch die beiden Liebenden Vergebung für ihren Verstoß gegen die Normen der Sexualmoral würden erfahren können. In der Kirche sind sie zunächst mit den anderen, die tags zuvor gekommen waren, ihren Tod zu erleben, im gleichen Gefühl vereinigt, dessen schiere Intensität mit einem hyperbolischen Ausdruck aus dem Bereich der Feuersymbolik verdeutlicht wird: „Niemals" habe eine solche „Flamme der Inbrunst" „gen Himmel" geschlagen, und von allen Anwesenden wiederum - Steigerung der Steigerung - kam die wärmste Glut aus den Herzen der beiden Liebenden. Noch sind alle Menschen im Banne dieser Inbrunst vereint. Die Energie, die durch die hyperbolische Feuermetaphorik signalisiert wird, ist ungeheuer. Draußen im Tal stand diese Energie im Zeichen des „menschlichen Geistes", der Menschlichkeit und gegenseitigen weltanschaulich unbeeinflussten Hilfe. Jetzt, in der Kirche, gerät sie in den Einflussbereich der alten, nur vorübergehend außer Kraft gesetzten, jetzt wiedererstarkten Religion - und genau hier bricht der Zeitschriftenabdruck ab.
Bei Kleist gibt es eine präzise Kausalität: Die Hasspredigt des Priesters verwandelt die „Flamme der Inbrunst" binnen kürzester Zeit in das Inferno eines Gewaltexzesses, in dem Josephe und Jeronimo, Donna Constanze und Don Fernandos Söhnchen Juan ermordet werden. In den „Monats-Rosen" wird dieser Schluss einfach abgeschnitten. Nur eine schwache Andeutung bleibt übrig: Zwar seien Josephe und Jeronimo beim Gottesdienst erkannt und „aufgegriffen" worden, aber Don Fernando habe sie dank seines Ansehens und seiner Vermittlung retten können. Deshalb schiffen die beiden sich nun, wie am Morgen geplant, nach Spanien ein, wo sie durch Erbschaft in den Genuss eines „sehr beträchtlichen Vermögens" kommen. In

Spanien besucht sie Don Fernando, und die beiden geloben, in der Erinnerung an begangene Fehler, womit doch wohl ihre einstigen Sittenfrevel gemeint sind, ihre Kinder vom Bösen (im christlichen Sinne) fernhalten zu wollen. Ihre Vorsätze, heißt es in auktorialer Gewissheit, werden von Gott erhört: „Ihre Kinder und Enkel waren gute, fromme und edle Menschen, und ihr Geschlecht blühte noch in Segen bis auf den heutigen Tag."
Also: ein wenig Unruhe in der Kirche, die von Don Fernando leicht zu bewältigen ist; geglückte Flucht; ein Vermögen fällt den Liebenden zu; ihr Glück ist vollkommen; sie bleiben ihrem Glauben treu, erziehen ihre Kinder in diesem Geiste, und Gott behütet alle. Dies ist ein Märchenschluss - und darin dem grässlichen Ende von Kleists Erzählung auf größtmögliche Weise entgegengesetzt. Das gilt auch für das Erzählerische: Bei Kleist ist, wie es zu einer Novelle gehört, die Einheit der spannungsgeladenen Handlung mit ihrer konfliktgeladenen Zuspitzung der „unerhörten Begebenheit" (Goethes Novellendefinition) gewahrt. Bei ihm entlädt sich das Konfliktpotenzial, das aus dem Zusammentreffen von Tätern und Opfern erwächst und dessen Vernichtungsenergie durch die katholische Hasspredigt entfacht wird. Die Neugründung einer Familie, die in der Schlusspassage angedeutet und mit Hilfe der halb relativierenden „als-ob"-Konstruktion fast unter Vorbehalt gestellt wird („… so war ihm (Don Fernando) fast, als müsst er sich freuen"), ist der einzige Lichtblick, und gegen das protzig-grelle Happy End der „Monats-Rosen"-Fassung verblasst er völlig. In der Zeitschrift wird die Zuspitzung des novellenhaften Schlusses durch einen Bericht ersetzt, der Jahre rafft und in dem ein auktorialer Erzähler lediglich summarisch die weitere Entwicklung resümiert - in auktorialer Überschau und mit ausdrücklicher Bestätigung der religiösen Weltanschauung, deren menschenfeindliche und zerstörerische Energie in Kleists Erzählung zum Thema wurde.
Fazit: Der Zeitschriften-Schluss übernimmt einige wenige Inhaltsdetails aus Kleists Text, lässt das Entscheidende weg, zerstört die novellistische Zuspitzung zugunsten eines gemächlich referierenden Überblicks und ersetzt so das gewalttätige und entsetzliche Ende durch ein gefälliges Happy End.

2. Teilaufgabe

Wer bei einem Witz die Pointe vermasselt, hat alles kaputt gemacht. Genauso ist es im vorliegenden Fall: Mit dem veränderten Schluss ändert sich die Aussage des gesamtes Textes fundamental.
Kleists Erzählung ist dank ihres krassen gewalttätigen Endes außerordentlich pessimistisch. Die Religion entzweit die Menschen. Wenn sie mit ihrer Hilfe die Wirklichkeit zu deuten versuchen, führt dies zu Irrtum und Gewalt. Die Religion festigt ein Sozialwesen, in dem eine junge Frau für ein unehelich zur Welt gebrachtes Kind (eines geliebten Mannes!) zum Tode verurteilt wird, und der Glaube macht aus den Menschen am Anfang der Erzählung blutrünstige Gaffer und am Ende irrsinnige Mörder, und sie vernebelt den beiden Liebenden die klare Wahrnehmung der Wirklichkeit. Die Dankesgefühle über ihre wundersame Rettung werden von ihren religiösen Gefühlen in eine Bahn gelenkt, die sie direkt zu denen führt, die ihre Todfeinde waren und nach der Erdbebenkatastrophe in noch höherem Grade sind. In einem Brief vom August 1806, also nicht lange vor der Erstveröffentlichung der Novelle, schreibt Kleist skeptisch: „Es kann kein böser Geist sein, der an der Spitze der Welt steht; es ist bloß ein unbegriffener!" Die Novelle bestätigt diese Skepsis. Sie ist damit auch Ausdruck von Kleists Geschichtspessimismus, der im „Erdbeben in Chili" das weitverbreitete Drei-Stadien-Modell des Geschichtsverlaufs mit einem Idealzustand zu Beginn und am Ende so variiert, dass er den utopischen Idealzustand einer freundlich miteinander umgehenden Menschheitsfamilie lediglich als trügerisch-vorübergehenden Ausnahmezustand zeigt.

In der Bearbeitung der „Monats-Rosen" dagegen wird dieser Pessimismus einfach durchgestrichen. Nicht nur der Novellencharakter, sondern vor allem der kunstvolle dreiteilige Aufbau, der Kleists pessimistische Variation des geschichtsphilosophischen Drei-Stadien-Schemas widerspiegelt, wird zerstört: reale Welt voller Unheil - durch das Erdbeben und die Zerstörung der Zivilisation hergestellter utopischer Idealzustand - Wiederherstellung der Unheilsordnung. Jetzt hat man das sehr irdische Schlaraffenland-Paradies einer frommen Familie als banalen Schluss aus der Traumfabrik.

Schluss: 3. Teilaufgabe

Schon beim Erscheinen der ersten Buchausgabe erregte gerade „Das Erdbeben in Chili" Anstoß; in Wien wurde es gerade wegen des Schlusses verboten. Die Predigt des Priesters lässt die katholische Kirche als gnadenlos, menschenverachtend, zur Gewalt aufstachelnd und darum unchristlich erscheinen. In der Erzählung hat sie wesentlich Mitschuld an den Mordtaten. Außerdem ist der Schluss in seiner krassen Gewaltdarstellung verstörend. Der Leser kommt nicht zu Atem und erträgt den Tod der Unschuldigen nur schwer. Das gilt besonders für den Höhepunkt, als Don Fernandos Kind ermordet und dessen Hirn verspritzt wird. Wenn die Zeitschrift „Monats-Rosen" „Belehrung und Unterhaltung" anstrebt, dann ist dieses Ende fast unerträglich. Was die Menschen sich erhoffen, ist, das alles gut werde. Man kann das in den Seifenopern des Fernsehens genauso gut feststellen wie an diesem veränderten Schluss von Kleists Erzählung. Auch wenn mir die tatsächlichen Gründe für die Änderung nicht bekannt sind, kann man sie doch leicht aus der geänderten Version ablesen: Es ist die Sehnsucht nach heiler Welt: Rettung und Flucht des Liebespaares, das sich ausdrücklich zu seinem naiven konventionellen Glauben bekennt, Reichtum, Glück mit Kindern und Enkelkindern, allesamt „gute, fromme und edle Menschen", und darüber liegt Gottes Segen. Das wünscht sich jeder Mensch - was auch Kleist selbst als Ziel des Menschen ausdrücklich anerkennt, wie aus seinen Briefen an seine Schwester und seine Verlobte deutlich wird. Es ist tapfer, wahrhaftig und darum bewundernswert, dass Kleist der Gewalt, dem Schrecken und dem Irrtum so tapfer ins Auge sehen konnte und es so kompromisslos in seinen Werken gestaltet hat. Natürlich ist die Zeitschriften-Bearbeitung künstlerisch eine Verhunzung des Kleist'schen Kunstwerks. Man flüchtet vor dem Schrecklichen, das doch nun einmal existiert, und fabuliert sich ein gutes Ende herbei, will von den Abgründen menschlicher Natur nichts wissen. Das ist falsch; aber es ist menschlich. Ich lehne es ab, habe aber Verständnis dafür.

1. → 2. → 3. → 4. → 5. → **6. Klausur überarbeiten**

Auch wenn es knapp wird: Teilen Sie sich Ihre Zeit so ein, dass Sie Ihre Klausur am Schluss noch einmal durchsehen, überdenken und überarbeiten können. Gönnen Sie sich eine kleine Pause, legen Sie den Text beiseite - und versuchen Sie dann, ihn mit den Augen eines fremden Lesers zu sehen und ihn aus der Distanz zu betrachten. Sie können dabei die Checkliste am Ende der 1. Musterklausur zugrunde legen.

Musterklausur 3

Heinrich von Kleist: Sonderbare Geschichte, die sich, zu meiner Zeit, in Italien zutrug

Am Hofe der Prinzessin von St. C... zu Neapel, befand sich, im Jahr 1788, als Gesellschafterin oder eigentlich als Sängerin eine junge Römerin, namens Franzeska N..., Tochter eines armen invaliden Seeoffiziers, ein schönes und geistreiches Mädchen, das die Prinzessin von St. C..., wegen eines Dienstes, den ihr der Vater geleistet, von früher Jugend an, zu sich genommen und in ihrem Hause erzogen hatte. Auf einer Reise, welche die Prinzessin in die Bäder zu Messina, und von hier aus, von der Witterung und dem Gefühl einer erneuerten Gesundheit aufgemuntert, auf den Gipfel des Ätna machte, hatte das junge, unerfahrne Mädchen das Unglück, von einem Kavalier, dem Vicomte[1] von P..., einem alten Bekannten aus Paris, der sich dem Zuge anschloss, auf das abscheulichste und unverantwortlichste betrogen zu werden; dergestalt, dass ihr, wenige Monden darauf, bei ihrer Rückkehr nach Neapel, nichts übrigblieb, als sich der Prinzessin, ihrer zweiten Mutter, zu Füßen zu werfen, und ihr unter Tränen den Zustand, in dem sie sich befand, zu entdecken. Die Prinzessin, welche die junge Sünderin sehr liebte, machte ihr zwar wegen der Schande, die sie über ihren Hof gebracht hatte, die heftigsten Vorwürfe; doch da sie ewige Besserung und klösterliche Eingezogenheit und Enthaltsamkeit, für ihr ganzes künftiges Leben, angelobte, und der Gedanke, das Haus ihrer Gönnerin und Wohltäterin verlassen zu müssen, ihr gänzlich unerträglich war, so wandte sich das menschenfreundliche, zur Verzeihung ohnehin in solchen Fällen geneigte Gemüt der Prinzessin: sie hob die Unglückliche vom Boden auf, und die Frage war nur, wie man der Schmach, die über sie hereinzubrechen drohte, vorbeugen könne? In Fällen dieser Art fehlt es den Frauen, wie bekannt, niemals an Witz[2] und der erforderlichen Erfindung; und wenige Tage verflossen: so ersann die Prinzessin selbst zur Ehrenrettung ihrer Freundin folgenden kleinen Roman.

Zuvörderst erhielt sie abends, in ihrem Hotel, da sie beim Spiel saß, vor den Augen mehrerer, zu einem Souper eingeladenen Gäste einen Brief: sie erbricht und überliest ihn, und indem sie sich zur Signora Franzeska wendet: »Signora«, spricht sie, »Graf Scharfeneck, der junge Deutsche, der Sie vor zwei Jahren in Rom gesehen, hält aus Venedig, wo er den Winter zubringt, um Ihre Hand an. – Da!« setzt sie hinzu, indem sie wieder zu den Karten greift, »lesen Sie selbst: es ist ein edler und würdiger Kavalier, vor dessen Antrag Sie sich nicht zu schämen brauchen.« Signora Franzeska steht errötend auf; sie empfängt den Brief, überfliegt ihn, und, indem sie die Hand der Prinzessin küsst: »Gnädigste«, spricht sie: »da der Graf in diesem Schreiben erklärt, dass er Italien zu seinem Vaterlande machen kann, so nehme ich ihn, von Ihrer Hand, als meinen Gatten an!« – Hierauf geht das Schreiben unter Glückwünschungen von Hand zu Hand; jedermann erkundigt sich nach der Person des Freiers, den niemand kennt, und Signora Franzeska gilt, von diesem Augenblick an, für die Braut des Grafen Scharfeneck. Drauf, an dem zur Ankunft des Bräutigams bestimmten Tage, an welchem nach seinem Wunsche auch sogleich die Hochzeit sein soll, fährt ein Reisewagen mit vier Pferden vor: es ist der Graf Scharfeneck! Die ganze Gesellschaft, die, zur Feier dieses Tages, in dem Zimmer der Prinzessin versammelt war, eilt voll Neugierde an die Fenster, man sieht ihn, jung und schön wie ein junger Gott, aussteigen – inzwischen verbreitet sich sogleich, durch einen vorangeschickten Kammerdiener, das Gerücht, dass der Graf krank sei, und in einem Nebenzimmer habe abtreten müssen. Auf diese unangenehme Meldung wendet sich die Prinzessin betreten zur Braut; und beide begeben sich nach einem kurzen Gespräch, in das Zimmer des Grafen, wohin ihnen nach Verlauf von etwa einer Stunde der Priester folgt. Inzwischen wird die Gesellschaft durch den Hauskavalier der Prinzessin zur Tafel geladen; es verbreitet sich, während sie auf das kostbarste und ausgesuchteste bewirtet wird, durch diesen die Nachricht, dass der junge Graf, als ein echter, deutscher Herr, weniger krank, als vielmehr nur ein Sonderling sei, der die Gesellschaft bei Festlichkeiten dieser Art nicht liebe; bis spät, um 11 Uhr in der Nacht, die Prinzessin, Signora Franzeska an der Hand, auftritt, und den versammelten Gästen mit der Äußerung, dass die Trauung bereits vollzogen sei, die Frau Gräfin von Scharfeneck vorstellt. Man erhebt sich, man erstaunt und freut sich, man jubelt und fragt: doch alles, was man von der Prinzessin und der Gräfin erfährt, ist, dass der Graf wohlauf sei; dass er sich auch in kurzem sämtlichen Herrschaften, die hier die

Güte gehabt, sich zu versammeln, zeigen würde; dass dringende Geschäfte jedoch ihn nötigten, mit der Frühe des nächsten Morgens nach Venedig, wo ihm ein Onkel gestorben sei und er eine Erbschaft zu erheben habe, zurückzukehren. Hierauf, unter wiederholten Glückwünschungen und Umarmungen der Braut, entfernt sich die Gesellschaft; und mit dem Anbruch des Tages fährt, im Angesicht der ganzen Dienerschaft, der Graf in seinem Reisewagen mit vier Pferden wieder ab. – Sechs Wochen darauf erhalten die Prinzessin und die Gräfin, in einem schwarz versiegelten Briefe, die Nachricht, dass der Graf Scharfeneck in dem Hafen von Venedig ertrunken sei. Es heißt, dass er, nach einem scharfen Ritt, die Unbesonnenheit begangen, sich zu baden; dass ihn der Schlag auf der Stelle gerührt, und sein Körper noch bis diesen Augenblick im Meere nicht gefunden sei. – Alles, was zu dem Hause der Prinzessin gehört, versammelt sich, auf diese schreckliche Post, zur Teilnahme und Kondolation[3]; die Prinzessin zeigt den unseligen Brief, die Gräfin, die ohne Bewusstsein in ihren Armen liegt, jammert und ist untröstlich –; hat jedoch nach einigen Tagen Kraft genug, nach Venedig abzureisen, um die ihr dort zugefallene Erbschaft in Besitz zu nehmen. – Kurz, nach Verfluss von ungefähr neun Monaten (denn so lange dauerte der Prozess) kehrt sie zurück; und zeigt einen allerliebsten kleinen Grafen Scharfeneck, mit welchem sie der Himmel daselbst gesegnet hatte. Ein Deutscher, der eine große genealogische Kenntnis[4] seines Vaterlands hatte, entdeckte das Geheimnis, das dieser Intrige zum Grunde lag, und schickte dem jungen Grafen, in einer zierlichen Handzeichnung, sein Wappen zu, welches die Ecke einer Bank[5] darstellte, unter welcher ein Kind lag. Die Dame hielt sich gleichwohl, unter dem Namen einer Gräfin Scharfeneck, noch mehrere Jahre in Neapel auf; bis der Vicomte von P…, im Jahr 1793, zum zweiten Male nach Italien kam, und sich, auf Veranlassung der Prinzessin, entschloss, sie zu heiraten. – Im Jahr 1802 kehrten beide nach Frankreich zurück. (1.037 Wörter)

Aus: Heinrich von Kleist, *Werke und Briefe*, hrsg. von Siegfried Streller u. a., 4. Aufl., Aufbau Verlag, Berlin/Weimar 1995, Bd. 3, S. 357–360.

Worterklärungen: 1 französischer Adelstitel; 2 Gewitztheit; 3 Beileidsbezeugung; 4 Kenntnis von Abstammungs- und Familiengeschichte (adliger) Familien; 5 redensartlich zu Bankert, Schimpfwort für uneheliches Kind, nach der Vorstellung, dass ein Adliger ein illegitimes Kind auf der Schlafbank der Magd zeugt

---

Aufgabenstellung:

1. Fassen Sie den Text mit eigenen Worten zusammen (maximal 250 Wörter).
2. Die Frage nach der Gattungszugehörigkeit dieses Textes wird in der Forschung unterschiedlich beantwortet. Einige sprechen von einer Kurzgeschichte; in einer weitverbreiteten modernen Ausgabe von Kleists Werken wird sie dagegen der Abteilung „Anekdoten" zugeordnet. Nehmen Sie begründet zu der Frage Stellung, ob der Text als Anekdote bezeichnet werden kann.
3. Der Kleist-Forscher Müller-Salget bezeichnet diesen Text als „komödiantisches Seitenstück zur ‚Marquise von O…'". Setzen Sie sich mit dieser These auseinander.

1. Erstes Überfliegen des Textes – Aufgabenstellung erfassen → **2.** → **3.** → **4.** → **5.** → **6.**

Überfliegen Sie den Text und notieren Sie die ersten Informationen und Fragen, z. B.:

Wer	►	Zentralfiguren
tut/spricht/denkt – was/woran	►	Themen, Inhalt
in welcher Situation?	►	Ort, Zeit, Handlung
Wer erzählt davon in welcher Form?	►	Darstellungsform

Formulieren Sie anschließend eine oder mehrere Verstehenshypothesen zum (oder auch Fragen an den) Text.

```
Schmunzelgeschichte? Clever, die Prinzessin!
Uneheliche Schwangerschaft als soziale Katastrophe (wie im „Erdbeben" und in der
„Marquise"); offensichtliche Parallelen zu „Marquise von O...", siehe These in
Aufg. 3.
Wenn Anekdote, dann steht die Prinzessin im Mittelpunkt, und ihre Gewitztheit
soll gezeigt werden.
These: Die Geschichte zeigt, wie es weiblicher Raffiniertheit und Schlauheit
gelingt, die drohenden sozial katastrophalen Folgen einer unehelichen
Schwangerschaft zu verhindern.
```

Lesen Sie nun die **Aufgabenstellung** genau. Achten Sie auf die Arbeitsanweisungen und die Operatoren. Was wird von Ihnen verlangt?

Zur **ersten Teilaufgabe**: In der Operatorenbeschreibung heißt es zu „zusammenfassen", die Vorlage sei „komprimiert" wiederzugeben. Hier ist sogar ein Maß angegeben: 250 Wörter, also etwa ein Viertel des Originalumfangs. Das soll Sie davor bewahren, sich bei dieser ohnehin schon sehr geschehnisreichen Geschichte in Einzelheiten zu verzetteln, und zwingt Sie zu selbständigen, abstrahierenden Formulierungen. - Vergegenwärtigen Sie sich die Eigenarten der Schreibform Inhaltsangabe, denken Sie insbesondere an die thematische Übersicht im ersten Abschnitt („in diesem Text geht es um" o. ä.).

Die **zweite Teilaufgabe** konfrontiert Sie mit einer echten Problemstellung. Sie sind aufgefordert, sich an einer Diskussion zu beteiligen, in der es mehrere Standpunkte gibt: Handelt es sich um eine Anekdote? Die Aufgabe knüpft an folgenden Unterrichtsaspekt des thematischen Abiturschwerpunkts „Heinrich von Kleist" an: „Strukturmerkmale epischer Texte (Novelle, Anekdote)". - Sie sollen Ihr Gattungswissen aktivieren und prüfen, ob es sich bei diesem Text um eine Anekdote handelt. Da es sich um eine Entscheidungsfrage handelt, dürfen Sie am Ende der Teilaufgabe ein Fazit auf keinen Fall vergessen! Zur Vororientierung vergegenwärtigen Sie sich die drei Antwortmöglichkeiten: ja - nein - teils/teils.

Auch bei der **dritten Teilaufgabe** wird Ihnen eine These vorgegeben, mit der Sie sich auseinandersetzen sollen - und können. Sie erhalten damit eine orientierende Perspektive, auf die hin Sie Ihre Textuntersuchung ausrichten. Gesucht sind also Gemeinsamkeiten und Unterschiede. Der Textvergleich kann unter den zeitlichen Bedingungen einer Klausur niemals vollständig sein. Überlegen Sie also bei Ihrer Planung gut, welches die wichtigsten Aspekte sind. Planen Sie auch hier wieder ein Fazit ein.

1. → **2. Text aspektorientiert erschließen** → **3.** → **4.** → **5.** → **6.**

Teilschritt: Inhalt sichern und Zusammenfassung vorbereiten (→ 1. Teilaufgabe)

```
Ort und Zeit: Italien (Neapel, Venedig), 1788 (Haupthandlung), 1793, 1802
Figuren: Prinzessin von St. C... und Franzeska (jung, schön, geistreich,
  unerfahren); deren Vater wird erwähnt, spielt aber keine Rolle (!); kaum mehr
  der Kindsvater; also zwei Figuren, wobei nur die Prinzessin agiert (alles
  plant und lenkt); Franzeska ist sehr passiv
Er-Erzählung (aber merkwürdiger Ich-Hinweis im Titel!); viel Handlung auf wenig
  Raum
Aufbau und äußere Handlung: übersichtlich; chronologisch
  Vorstellung der Figuren und des auslösenden Moments (der franz. Vicomte
  verführt Franzeska) - Szene zwischen Francesca und der Prinzessin: Vorwürfe,
```

Reue, Vergebung, Entschluss der Prinzessin, der jungen Frau zu helfen („Ehrenrettung"), Ankündigung eines geistreichen Planes
fingierter Brief an Francesca, präsentiert in der Öffentlichkeit der Hofgesellschaft: Heiratsantrag eines jungen deutschen Grafen; Francesca nimmt an; alle beglückwünschen sie
Ankunft des Grafen und Heirat; außer bei der Ankunft bekommt ihn niemand zu Gesicht (Vorspiegelung von Unpässlichkeit und Menschenscheu); sofortige Abreise des vermeintlichen Grafen
Eintreffen der Todesnachricht des Grafen (ertrunken; deshalb keine Leiche!); öffentliche Anteilnahme (immer alles öffentlich!); Abreise F.s, um Erbschaftsangelegenheiten zu regeln
Wiedereintreffen F.s nach neun Monaten mit Kind auf dem Arm: erstes Handlungsende – warum endet die Geschichte nicht schon hier?
Eine Art Nachklapp oder eigentliches Ende: Der Betrug wird von einem Zeitgenossen entdeckt, aber offenbar ohne schädliche Folgen für F. („Gräfin Scharfeneck"); doch bleibt die Drohung der sozialen Bloßstellung bestehen; die Ehre ist noch nicht endgültig gerettet; insofern noch kein definitives glückliches Ende. Dieses wird dadurch herbeigeführt, dass der Kindsvater wieder auftaucht und, abermals auf Initiative der Prinzessin, F. zur Frau nimmt; Aufbruch nach Frankreich, diesmal als echte Adlige, also auch für die Öffentlichkeit in Sicherheit.

Notieren Sie jetzt erste Stichworte für die Einleitung der Textzusammenfassung.

Teilschritt: Gattungszugehörigkeit prüfen (→ 2. Teilaufgabe)

Sie aktivieren Ihr im Unterricht erworbenes Wissen (denn Sie haben die beiden Anekdoten der Pflichtlektüre – „Mutterliebe" und „Anekdote aus dem letzten preußischen Kriege" – intensiv analysiert, dabei verschiedene Definitionen von „Anekdote" kennengelernt und festgestellt, dass es Definitionsspielräume gibt und die Zuordnung der Kleist'schen Texte nicht ganz leichtfällt). Sie können sich aber auch im Rechtschreib-Duden vergewissern, den Sie in der Abiturklausur benutzen dürfen.

Anekdote: nach Heinz Schlaffer: kurze, pointierte Geschichte, die einer wirklichen Person nachgesagt wird. – Nach Duden-Definition: „kurze, jmdn. od. etwas (humorvoll) charakterisierende Geschichte". (Ist für den Duden die Pointe entbehrlich?)
Prüfung:
kurz? „gefühlter Umfang": eher nicht kurz – im Vgl. mit „Mutterliebe" und auch der Husarenanekdote sehr lang; Grenzfall?
pointiert? Alles läuft auf das glückliche Ende zu; eine überraschende Wendung (= Pointe) ist das eigentlich nicht; andererseits ist das Ende tatsächlich ein abschließender Zielpunkt
einer wirklichen Person nachgesagt? Hat die Prinzessin existiert? Das gleiche Problem wie in den beiden Anekdoten der Pflichtlektüre! Aber Kleist tut in allen drei Fällen so, als seien es wirkliche Personen (der Husar, die Mutter, die Prinzessin); hier die Authentizitätsfiktion der Namensabkürzungen („Prinzessin von St. C...")
Fazit: kein klarer Fall! Für die Gattungszuordnung spricht ... – dagegen spricht ...
Also: ...

Ergänzen Sie das Fazit.

Gefordert ist keine umfassende Erzähltextanalyse, sondern nur Herausarbeitung wesentlicher Gemeinsamkeiten und Unterschiede zur „Marquise von O…", die auf eine Stellungnahme zur vorgelegten These („komödiantisches Seitenstück", vgl. 3. Teilaufgabe) abzielen soll. Im Vordergrund stehen inhaltlich-thematische Aspekte.

Stellen Sie Gemeinsamkeiten und Unterschiede im Hinblick auf die vorgelegte These tabellarisch gegenüber.

„Sonderbare Geschichte"	*„Marquise von O…"*
Gilt für beide Texte: Junge Frau wird schwanger und dabei vom Mann „auf das abscheulichste und unverantwortlichste betrogen"; das biologische Faktum zieht weitreichende und katastrophale soziale Folgen nach sich, und um die geht es in beiden Texten; die uneheliche Schwangerschaft bringt den Einzelnen in einen harten Gegensatz zur Gemeinschaft und ihren Normen.	
Ob Franzeska ebenfalls vergewaltigt oder „nur" ausgenutzt wurde, bleibt offen.	
Handlungsführung: gleicher Auslöser der gesamten Handlung; aufwendiger Apparat zur Lösung des Problems; gleiche Lösung: die Ehe mit dem Kindsvater	
Der Vater ist bekannt; aber das Problem der „Ehrenrettung" ist das gleiche: Wie kann die Ehre der Frau in unehelicher Schwangerschaft wiederhergestellt werden?	langwierige Vatersuche
Familie spielt keine Rolle, nur die Prinzessin; die psychische Dimension spielt keine Rolle (wird nur gestreift; sofortiges Verzeihen). Die aufgezwungene Schwangerschaft hier nur Auslöser einer äußeren Handlung (action), die die Gewitztheit und die Raffinesse der Prinzessin beleuchten soll.	Die Hauptfigur muss sich sowohl mit sich selbst als auch mit ihrer Familie (besonders dem Vater!) als auch dem Kindsvater auseinandersetzen. Ereignis = Auslöser für tiefgreifende Erkenntnis-, Entwicklungs-, Läuterungs- und Reifeprozesse aller Figuren = ausführlich dargestellt, Hauptsache in der Novelle Schwerpunkt: innere Handlung; psychische Dimension
Rolle der Frauen: Plan der Prinzessin wird aufwendig und unfallfrei umgesetzt; selbst die Entdeckung der Intrige löst keine Katastrophe aus.	Rolle der Frauen: Die Marquise ergreift Initiative, scheut öffentliche Blamage nicht (Zeitungsinserat); behauptet sich gegen den tyrannischen und starren Vater. Die Mutter ersinnt List, um die Wahrhaftigkeit der Tochter auf die Probe zu stellen (Angestellter als vermeintlicher Täter) = sehr vergleichbar mit „Sonderbare Geschichte"!
Schluss komödiantisch (Happy End): Standeserhöhung, Wohlstand	Schluss komödiantisch (Happy End): Liebesglück, Wohlstand, viele Kinder

1. → 2. → 3. → **4. Gliederung erstellen** → 5. → 6.

Beginnen Sie mit der schriftlichen Ausarbeitung erst, nachdem Sie eine Gliederung erstellt haben, an der Sie sich während des Schreibens orientieren können.
Halten Sie sich an die bewährte Aufteilung **Einleitung**, **Hauptteil**, **Schluss**. Aus der dreiteiligen Aufgabenstellung und den Aspekten der Textuntersuchung ergibt sich häufig schon eine bestimmte Abfolge in der Gliederung.
Hinweise zur Gestaltung von Einleitung und Schluss finden Sie bei der 1. Musterklausur (vgl. S. 10).

Einleitung:
Text präsentieren (Titel, Verfasser, Entstehungszeit), Hinweis auf Vorgehensweise (Ihr Programm)

Hauptteil:
1. Teilaufgabe
   Textzusammenfassung
2. Teilaufgabe
   Prüfung der Gattungszuordnung
3. Teilaufgabe
   Textvergleich

Schluss:
Das Teil-Fazit am Ende der 2. Teilaufgabe brauchen Sie hier nicht zu wiederholen. Dagegen führt der Textvergleich in der 3. Teilaufgabe zu einem Ergebnis, an das sich gut eine den ganzen Aufsatz abschließende verallgemeinernde Betrachtung anschließen lässt.

1. → 2. → 3. → 4. → **5. Klausur schreiben** → 6.

Formulieren Sie Ihre Gedanken wie in der Gliederung festgelegt. Bemühen Sie sich um gedankliche Ergiebigkeit und Schlüssigkeit Ihrer Ausführungen und um eine angemessene Art der Darstellung. Vergegenwärtigen Sie sich die Grundregeln des richtigen und zweckmäßigen Zitierens.

Einleitung:
Eine junge Frau wird gegen ihren Willen „auf das abscheulichste und unverantwortlichste" von einem Mann geschwängert – mit schwerwiegenden und schlimmen sozialen Folgen für die Frau. Bemerkenswerterweise hat Heinrich von Kleist dieses Thema in kurzem zeitlichen Abstand gleich zweimal behandelt: in seiner Herbst 1810 erschienenen Erzählung „Die Marquise von O..." und in der „Sonderbaren Geschichte, die sich, zu meiner Zeit, in Italien zutrug", die Kleist wenige Wochen später, Anfang 1811, in seiner eigenen Zeitung „Berliner Abendblätter" veröffentlichte. Zweimal der gleiche Stoff, aber doch auf sehr unterschiedliche Weise gestaltet. Im Folgenden werde ich die „Sonderbare Geschichte" zunächst zusammenfassen, dann erörtern, ob man hier von einer Anekdote sprechen kann, und schließlich beide Texte miteinander vergleichen.

Hauptteil:

1. Teilaufgabe

Heinrich von Kleist variiert in seiner 1811 in den „Berliner Abendblättern" veröffentlichten „Sonderbaren Geschichte, die sich, zu meiner Zeit, in Italien zutrug" das Thema von der unehelichen Schwangerschaft und ihren meist verheerenden Folgen für die Frau. In diesem Fall jedoch sind sie nicht katastrophal; vielmehr gelingt es weiblicher Gewitztheit, den Gang der Dinge so zu gestalten, dass alles ein glückliches Ende nimmt.

Eine junge mittellose Frau aus dem Gefolge einer italienischen Prinzessin wird in Neapel 1788 von einem französischen Adligen schwanger. Das zwingt sie, sich ihrer Herrin zu offenbaren, deren anfängliche Entrüstung rasch verfliegt und die sich einen Plan zur Ehrenrettung der jungen Frau, die ihr lieb ist und künftige Enthaltsamkeit schwört, ausdenkt. Sie erfindet einen gräflichen Bewerber für die junge Frau, der auch prompt zur Hochzeit anreist, doch entzieht er sich den Blicken der neugierigen Hofgesellschaft und reist unmittelbar nach vollzogener Trauung wieder ab. Bald darauf wird die Nachricht vom plötzlichen Tod des Grafen verbreitet. Die junge Witwe reist zur Regelung der Erbschaftsangelegenheiten ab und kehrt erst nach neun Monaten zurück, mit ihrem inzwischen geborenen Kind auf dem Arm. Zwar wird das Geheimnis entdeckt, doch hat dies für die junge Frau offenbar keine schädlichen Folgen, und als einige Jahre später der Kindsvater wieder nach Italien kommt, heiratet er auf Initiative der Prinzessin die vermeintliche Gräfin und zieht mit ihr nach Frankreich. (221 Wörter)

2. Teilaufgabe

In einer weitverbreiteten Ausgabe von Kleists Werken ist diese Geschichte in die Abteilung Anekdoten eingeordnet. Ob zu Recht, das soll hier erörtert werden, indem ich sie auf die Kriterien hin untersuche, mit deren Hilfe der Literaturwissenschaftler Heinz Schlaffer die Anekdote definiert. Eine Anekdote ist danach eine „kurze pointierte Geschichte, die einer wirklichen Person nachgesagt wird".

Ich beginne mit der Kürze: Im Verhältnis zu anderen Anekdoten ist die „Sonderbare Geschichte" sehr umfangreich. Sie ist ungleich länger als Kleists „Mutterliebe" und deutlich länger als die „Anekdote aus dem letzten preußischen Kriege" über den tollkühnen Husaren. Isoliert betrachtet spricht das eher dagegen, hier von einer Anekdote zu sprechen, doch ist dies nicht das Hauptkriterium.

Wie steht es mit der Pointierung? Pointiert heißt: auf den Punkt gebracht, meist im Sinne einer verblüffenden Schlusswendung. Auch das ist nicht leicht zu entscheiden. Denn auf den ersten Blick scheint die Geschichte zwei Schlüsse zu haben - den ersten, als die junge „Gräfin" nach erfolgreicher Täuschungsaktion mit dem Kind auf dem Arm zurückgekehrt ist, denn damit ist doch das Ziel der Ehrenrettung bereits erreicht. Was tut die Aufdeckung der Intrige zur Sache? Für die Handlung ist sie insofern unerheblich, als sie ja ohne Folgen bleibt. Allerdings verdeutlicht sie die Gefahr, die über der jungen Mutter schwebt: Dieser Kenner adliger Verhältnisse hat vielleicht stillgehalten und sich mit einem spöttischen Wappenentwurf begnügt, den er nur der „Gräfin" mitteilt; ob der nächste auch so dezent ist, kann niemand wissen. Deshalb ist erst die schließlich doch erfolgte Verheiratung mit dem Kindsvater, die wiederum von der Prinzessin bewirkt wird, der wirkliche Schluss, mit dem die Ereignisse zum endgültigen guten Ende kommen. Das wäre ein kräftiger abschließender Punkt, weil sich damit das Geschehen erst richtig rundet. Aber pointiert im Sinne einer verblüffenden, witzigen Schlusswendung ist die Geschichte nicht.

Und das dritte Kriterium: Wird die Geschichte „einer wirklichen Person nachgesagt"? Viele Anekdoten sind nicht wahr im Sinne eines dokumentarischen

Tatsachenberichts. „Nachgesagt" heißt: einer wirklichen Person zugeordnet, gleich, ob als authentisch bezeugt oder bloß gut erfunden. Mir ist unbekannt, ob es diese Prinzessin wirklich gegeben hat. Sie müsste aber existiert haben, sonst wäre ja alles erfunden. Kleist hat diese Geschichte in seiner Zeitung „Berliner Abendblätter" veröffentlicht, wie die meisten seiner „echten" Anekdoten auch. Die Schreibung der Namen „Prinzessin von St. C...", „Franzeska N..." und „Vicomte von P..." suggeriert mit ihren andeutenden Auslassungspunkten, dass es sich um wirkliche Personen handelt – ganz wie bei der „Marquise von O...". Man könnte also sagen: Kleist fingiert Authentizität, und in diesem Sinne wäre das dritte Kriterium dann erfüllt. Es gibt zwei Hauptfiguren in dieser Geschichte, aber die tragende Rolle und deshalb die Hauptfigur ist die Prinzessin; sie ist die Erfinderin des „Romans" und Franzeska nur Schauspielerin. Im Mittelpunkt steht die Menschlichkeit und Gewitztheit der Prinzessin.
Insgesamt ist dies eine kurze, aber für eine Anekdote ziemlich lange, pointierte Geschichte, aber ohne verblüffende Schlusswendung, die einer Person nachgesagt wird, von der offen ist, ob sie wirklich gelebt hat. Eine historisch bedeutende Person ist sie jedenfalls wohl nicht – genauso wenig wie die Mutter, die den tollwütigen Hund erdrosselte oder der tollkühne Husar. Aber nicht ob die anekdotisch charakterisierte Person bedeutend ist, sondern ob sie wirklich ist, ist entscheidend. – Die Untersuchung verläuft ohne eindeutiges Ergebnis. Man kann die Geschichte den Anekdoten zuordnen, aber eine lupenreine Anekdote ist sie nicht. Kleist selbst hat sie ja eine „sonderbare Geschichte" genannt, und das trifft es in jedem Fall und wäre auch eine unanfechtbarere Bezeichnung als „Anekdote".

3. Teilaufgabe
Mit dem Stichwort des Kleist-Forschers Müller-Salget ist die Richtung der folgenden Analyse vorgezeichnet. Wenn diese Geschichte ein „komödiantisches Seitenstück zur ‚Marquise von O...'" sein soll, dann müssten sich wesentliche Gemeinsamkeiten nachweisen lassen. Das Adjektiv „komödiantisch" beschreibt dann als Hauptunterschied, dass die „Sonderbare Geschichte" im Gegensatz zur Novelle heiter, lustspielhaft, nicht düster, problematisch sei und auf jeden Fall ein glückliches Ende habe.
In beiden Fällen wird die Handlung dadurch in Gang gesetzt, dass eine junge Frau außerehelich und ohne ihre Einwilligung schwanger wird. In der Novelle wird sie vergewaltigt, in der vorliegenden Geschichte heißt es, Franzeska sei von dem Vicomte „auf das abscheulichste und unverantwortlichste betrogen" worden – eine Formulierung, die auch auf die Marquise und vor allem das Verhalten des Grafen passt. Beide Male ziehen die biologischen Folgen schwerwiegende soziale Folgen für die Frauen nach sich. Ein Ereignis, an dem beide schuldlos sind, macht sie zu Außenseitern in ihrer Gemeinschaft und bedroht ihre soziale Existenz. Daraus erwächst beide Male die Handlung, und die Handlung endet beide Male, als das ursächliche Problem gelöst ist. Dies ist eine wesentliche Gemeinsamkeit. Der Schluss der Novelle für sich betrachtet kann dabei ohne Weiteres als Komödienschluss gelten. Es hat alles, was ein Happy End haben muss: gegenseitige Liebe, Heirat, Wohlstand, viele Kinder. Dieser Schluss allein ist aber recht isoliert, und die ganze Handlung vorher ist, trotz mancher vielleicht als ironisch zu verstehender Momente, alles andere als komödiantisch.
Denn die Art der Behandlung des Problems und seine Ausgestaltung unterscheiden sich sehr. Zunächst fehlt in der Anekdote das Moment der Suche nach dem Vater, die für die Novelle wesentlich ist. Wichtiger ist aber, dass die Schwangerschaft in der Novelle zu gravierenden Konflikten führt, zu tiefen Zerwürfnissen der Marquise mit ihrer Familie, dann zur Läuterung der Figuren, die eine schwierige Entwicklung durchlaufen, zur Sühne des Vergewaltigers, schließlich dazu, dass

die Marquise ihm verzeihen kann – und zur Hochzeit. Zwischen Ausgangspunkt und Ende steht eine komplizierte menschliche Entwicklung aller Figuren, die in dramatischen Szenen detailliert entfaltet wird.
Dies alles ist in der „Sonderbaren Geschichte" nicht der Fall. Der am Anfang erwähnte Vater Franzeskas tritt nicht in Erscheinung. Die Prinzessin macht zwar der jungen Frau schwere Vorwürfe, aber sie verzeiht ihr beinahe im selben Atemzug. In der Novelle dagegen nehmen familiäre Entzweiung und Versöhnung einen großen Raum ein mit den schauerlichen Höhepunkten, wie der vor Starrsinn versteinerte Vater die Marquise erst verstößt und sich dann, noch schauerlicher, unter heftigsten Liebesbezeigungen wieder mit ihr versöhnt. Bei der Prinzessin dagegen sind Entrüstung und Vergebung eins; sie schlägt sich ganz auf die Seite ihres Schützlings und erfindet ihren rettenden „Roman". – Dieses Moment allerdings hat wiederum eine bemerkenswerte Parallele. In der Anekdote heißt es: „In Fällen dieser Art fehlt es den Frauen, wie bekannt, niemals an Witz und der erforderlichen Erfindung." Das kann man auch auf die Novelle beziehen: Es ist die Mutter der Marquise, die, als der tyrannische Vater, rasend vor Wut, seine Tochter mit einem Pistolenschuss aus dem Haus gejagt hat, einen Plan ausheckt, um die Tochter auf die Probe zu stellen – wie in der Anekdote mit den Mitteln der Täuschung und mit vollem Erfolg. (Sie präsentiert mit dem Jäger Leopardo einen vermeintlichen Vater und erkennt in der überzeugenden Verblüffung ihrer Tochter, dass diese tatsächlich nicht weiß, wer der wahre Vater ist.)
Von einer inneren Entwicklung ist aber in der Anekdote nicht die Rede.
Im Vordergrund steht allein der Ablauf des Plans, die äußere Handlung, der abschnurrt wie ein aufgezogenes Uhrwerk. Alles funktioniert störungsfrei.
Die Hofgesellschaft, die ja das kritische Publikum darstellt, für die die „Ehrenrettung" erfolgen muss, bleibt eine Statistentruppe, die an der Nase herumgeführt wird. Der Leser kann sich an der Gewitztheit der Prinzessin ergötzen. Der Plan ist aufwendig und kostspielig; die Art erinnert mich an filmische Gaunerkomödien wie „Ocean's Eleven". Selbst die Entdeckung der „Intrige", ein retardierendes Moment, ist eine Gefahr ohne Folgen, die mit der Heirat des Kindsvaters endgültig gebannt wird.

Schluss:
Fazit: Es ist interessant zu sehen, wie derselbe Autor eine sehr ähnliche Ausgangssituation – erzwungene Schwangerschaft ohne Vater bringt den Einzelnen in einen unüberbrückbaren Gegensatz zur Gemeinschaft – zweimal auf vollkommen verschiedene Art behandeln kann. Der Verzicht auf psychologische Analyse macht die „Sonderbare Geschichte" wirklich zu einer leicht konsumierbaren Komödie, mit deren Hilfe das, was Kleist verdeutlichen wollte, dass es nämlich „in Fällen dieser Art den Frauen (...) niemals an Witz und der erforderlichen Erfindung" fehle, auf heitere Weise gezeigt wird. Dieser Satz ist auf die Hauptfigur der Anekdote, die Prinzessin von St. C... bezogen. Er passt aber auch auf die Mutter der Marquise. Der Charakterisierung Müller-Salgets kann ich also ohne Weiteres zustimmen, finde aber die Novelle um die Marquise von O... ungleich befremdlicher, verwirrender und darum gewichtiger als diese „Sonderbare Geschichte".

1. → 2. → 3. → 4. → 5. → **6. Klausur überarbeiten**

Auch wenn es knapp wird: Teilen Sie sich Ihre Zeit so ein, dass Sie Ihre Klausur am Schluss noch einmal durchsehen, überdenken und überarbeiten können. Gönnen Sie sich eine kleine Pause, legen Sie den Text beiseite – und versuchen Sie dann, ihn mit den Augen eines fremden Lesers zu sehen und ihn aus der Distanz zu betrachten. Sie können dabei die Checkliste am Ende der 1. Musterklausur zugrunde legen.

Kleists dramatische Erzählkunst

Extremsituationen

Distanziertes Erzählen

Interpretationsbedürftigkeit

Kleists Modernität

Heinrich von Kleists Erzählungen führen den Leser in eine **Welt, die aus den Fugen geraten ist**. Durch Gewalt, Naturkatastrophen, sinnlose Zufälle, den Ausbruch irrationaler Leidenschaft werden seine Figuren in **Extremsituationen und Ausnahmezustände** versetzt, in denen die Regeln des normalen, alltäglichen Lebens aufgehoben sind. Wie sie im plötzlich hereinbrechenden Chaos zurechtkommen, das verfolgt der Erzähler Kleist mit schwer durchschaubarer Miene und der **Distanziertheit und Objektivität eines Experimentators oder Chronisten**. Gleichwohl gestaltet er seine oft grausigen Geschichten mit atemloser Spannung und bringt sie stets zu einem endgültigen Abschluss, auf den hin das ganze Geschehen zielsicher hinführt. Dabei bleiben die Geschichten für den Leser verstörend und rätselhaft. Anders als in der Literatur der Aufklärung (deren Zielen sich Kleist vielfach verpflichtet fühlt) oder der Weimarer Klassik **fehlen** bei Kleist gut **erkennbare leitende Ideen, orientierende Normen** und verlässliche Hinweise, wie das Dargestellte zu verstehen sei. Der Leser ist auf sein eigenes Urteil angewiesen und muss die Texte mit ihren vieldeutigen Zeichen selbst interpretieren. **Kleist erzählt, aber er deutet nicht** und erklärt nirgends seine Absichten – weder in seinen Geschichten selbst noch in Briefen oder anderen Lebenszeugnissen. Das macht es so schwer, seine Texte einzuschätzen, und lässt sie so modern erscheinen.

Textsorte: Novelle

„Das Erdbeben in Chili" und „Die Marquise von O…" veröffentlichte Kleist 1807 bzw. 1808 zunächst in Zeitschriften und 1810 in einem Band mit dem schlichten Titel „Erzählungen". Seine **Erzählungen** entstanden großenteils parallel zu seinen Dramen, und sie sind in hohem Maße **dramatisch geprägt**: „Forciertes Erzähltempo, viel Handlung auf engem Raum, durchgehend hohe Spannung, eine Fülle von dramatischen Situationen mit ausgeprägt szenischem Charakter, eine dichte Abfolge von krisenhaften Konflikten, jähen Peripetien, beklemmenden Retardationen, überraschenden Lösungen oder grandiosen Katastrophen – das sind die Merkmale eines mitreißend dramatischen Erzählens, wie es die deutsche Literatur nie vorher gekannt hat. Die meisten Erzählungen lassen den Aufbau eines fünfaktigen Dramas erkennen: von der Exposition über die Schürzung des Knotens und den Höhepunkt der Krisis bis zur Peripetie, Retardation und Katastrophe. Bis in die Infrastrukturen hinein verfährt Kleist dramatisch. Er fügt zahlreiche Dialoge ein, versieht die auftretenden Gestalten mit einer ausdrucksstarken Mimik und Gestik, arbeitet mit Signalen und vielen anderen erregungshaltigen Mitteln." (Jochen Schmidt: „Heinrich von Kleist. Die Erzählungen und Dramen in ihrer Epoche." Darmstadt 2003, S. 180) – Dank dieser Merkmale gelten Kleists Erzählungen als **Novellen**.

Erzählweise

Die **Erzählweise** steht ganz im Dienst der dramatischen Zuspitzung und Unmittelbarkeit. Breite **Schilderungen und Beschreibungen** der erzählten Welt, wie der realistische Roman sie gibt, **fehlen**. Kleist wählt in allen seiner acht Erzählungen die **Er-Form**, aber die **Eigenarten auktorialen Erzählens sind schwach ausgeprägt**: Kaum je tritt der Erzähler mit zuverlässigen Kommentaren zu den Situationen oder den Figuren hervor. Punktuell finden sich in einer Art erlebten Rede **perspektivische, standortgebundene Wertungen**, in denen der Erzähler lediglich Urteile von Figuren wiedergibt. Kleist überlässt die Beurteilung des Geschehens weitgehend dem Leser, arrangiert die Dinge aber so, dass bestimmte Erwartungen und Wertmaßstäbe aktiviert werden.

Sprache

Dramatischer Intensivierung dient bei Kleist auch der **Satzbau**. Vorherrschend ist die **Hypotaxe**, mit deren Hilfe viele verwickelte Einzelheiten auf komplexe Art aufeinander bezogen werden, oft mit starker Spannung auf das Ende des Satzgefüges hin. Dabei werden in die Teilsätze immer noch (oft verkürzte) Zwischenglieder eingeschoben. Parallelismen und extreme Hyperbolik verstärken die Wirkung. „Er weiß auf die Folter zu spannen", schrieb Thomas Mann.

Auf einen Blick

- Kleists Thema ist die mühsame Orientierung des Einzelnen in Extremsituationen.
- Vieldeutigkeit der Erzählungen erzwingt Deutungsanstrengungen des Lesers.
- Dramatische Gestaltung von Aufbau, Handlungsführung, Syntax und Bildlichkeit.

1 Inhaltsübersicht

Eine noch junge verwitwete Marquise, die mit ihren beiden Kindern bei ihren Eltern in einer Festungsanlage lebt, deren Kommandant der Vater ist, wird nach der Eroberung der Festung von feindlichen Soldaten misshandelt. Im letzten Moment wird sie von einem Offizier der gegnerischen Truppen befreit – der dann allerdings, als die Marquise ohnmächtig wird, genau das tut, wovor er sie eben gerettet hatte. Nach einigen Monaten spürt die Marquise Anzeichen einer Schwangerschaft, die sie ignoriert, weil sie den Grund für unmöglich hält. Da erscheint, gerade genesen von einer schweren Verwundung, der Offizier, ein russischer Graf, und bittet um die Hand der Marquise. Er wird aber trotz seines heftigen Drängens von der Marquise abgewiesen, die sich überrumpelt fühlt. Er erreicht allerdings die Zusage, seine Werbung nach der Rückkehr von einer dringenden Dienstreise wiederholen zu dürfen. In der Zwischenzeit kann sich die ratlose Marquise die Anzeichen der Schwangerschaft nicht mehr verhehlen; Arzt und Hebamme bestätigen ihren Verdacht. Sie weiht ihre Eltern ein, die sie für eine schändliche Heuchlerin halten. Der Vater jagt sie mit der Pistole in der Hand aus dem Haus und verstößt sie. Die Marquise zieht sich ungebeugt und sich zum ersten Mal auf sich selbst besinnend in ihr Landhaus zurück. Dort verschafft sich, gegen ihren Willen, der russische Graf Zutritt, um seine Werbung auf das inständigste zu erneuern. Abermals weist ihn die Marquise ab. Sie, die zwischenzeitlich glaubte, über der ihr unerklärlichen Schwangerschaft den Verstand zu verlieren, hatte sich gerade durchgerungen, das Kind als Geschenk Gottes anzunehmen, und eine Notiz in die Zeitung gesetzt, dass sie bereit sei, den Vater ihres Kindes aus Familienrücksichten zu heiraten. Diese Anzeige kommt dem Grafen zu Gesicht. Er lässt seinerseits eine Nachricht in die Zeitung einrücken, dass der Gesuchte sich zu einer bestimmten Zeit bei der Familie der Marquise einfinden werde. Deren Vater vermutet eine Finte, doch die Mutter, längst unsicher geworden, stellt ihre Tochter auf die Probe, indem sie ihr vorspiegelt, der neue Jäger, Leopardo, habe die Tat gestanden; und ist nach der glaubwürdigen Reaktion der Tochter von deren Unschuld überzeugt. Nun bereut auch der Vater sein Tun und versöhnt sich unter heftigen Liebesbezeugungen mit seiner Tochter. – Am verabredeten Tag erscheint der Graf, zum Entsetzen und Erstaunen der Familie. Fassungslos vor Wut weist ihn die Marquise als „Teufel“ zurück, willigt zwar widerstrebend in eine rein formale Heirat ein, will aber vom Grafen nichts wissen. Dieser lässt sich am Ort nieder, erreicht schließlich durch sein vorbildliches Betragen, dass ihm die Marquise verzeiht. Sie ist endlich zur Ehe mit dem Grafen bereit und erklärt ihre beharrliche Weigerung damit, dass ihr der Graf nicht als Teufel erschienen wäre, „wenn er ihr nicht, bei seinem ersten Erscheinen, wie ein Engel vorgekommen wäre“.

2 Figurenkonstellation

Konzentration auf wenige Figuren

Kleist **beschränkt sich beim Personal auf ein Minimum**: hier die Familie des Obristen, dort der von außen in diesen umgrenzten Kreis eindringende russische Graf. Alle anderen Figuren verbleiben ganz am Rande (auch der Bruder der Marquise fungiert lediglich als Bote). Die **Familie als soziale Kerngruppe** ins Zentrum zu stellen ist ein durchgängiger Zug des Kleist'schen Werkes. Diese Konzentration ermöglicht umso wirkungsvoller die Darstellung des Geschehens als Versuchsanordnung: Was geschieht (demonstriert am Beispiel der Familie als gesellschaftlicher Institution), wenn durch einen extremen Konflikt verinnerlichte soziale Normen in Frage gestellt werden?

Die Marquise

Anfangs konventionelle junge Frau

Julietta von O…, eine (noch) junge Frau (Ende zwanzig?), Mutter zweier Töchter, ist nach dem Tode ihres Mannes, dem sie „auf das innigste und zärtlichste zugetan war“ (S. 3), wieder in das Haus ihrer Eltern innerhalb der Festung von M. gezogen, wo sie sehr zurückgezogen lebt und sich „mit Kunst, Lektüre, mit Erziehung; und ihrer Eltern Pflege beschäftigt“ (S. 3). **In dieses buchstäblich festungsartige Familienbollwerk bricht nun das Unerhörte ein**: Krieg und Vergewaltigung im Zustand der Bewusstlosigkeit. Diese Tat setzt alles Weitere in Gang. – Die Marquise durchläuft einen **schmerz-**

haften Erkenntnis- und Reifeprozess. Sie muss sich zur Einsicht durchringen, tatsächlich ohne Willen und Wissen in „andere Umstände" geraten zu sein, was ein schwerer Verstoß gegen die moralische und soziale Ordnung der Zeit ist, die in ihrer Familie unumschränkt gilt. Am Anfang der Handlung ist sie erstaunlich unselbständig. Als der Graf das erste Mal um ihre Hand anhält, lässt sie ihren Vater für sich reden, vermag auf die Frage, wie ihr der Graf gefalle, nur zu antworten „er gefällt mir und missfällt mir" (S. 17), und beruft sich „auf das Gefühl der anderen" (S. 17) - in dieser Herzensangelegenheit! Erst das Zerbrechen der Familien-Festung ermöglicht - und erzwingt - ihre Befreiung aus der Unmündigkeit zu selbständigem Denken, Wollen, Fühlen und Handeln. Der Umschlagpunkt ist exakt angegeben: als der vor Wut rasende Vater, nachdem er sie mit der Pistole bedroht und verstoßen hat, auch noch verlangt, sie solle ihre Kinder zurücklassen. Sie weigert sich: „Durch diese schöne Anstrengung mit sich selbst bekannt gemacht, hob sie sich plötzlich, wie an ihrer eigenen Hand, aus der ganzen Tiefe, in welche das Schicksal sie herabgestürzt hatte, empor" (S. 25). Folge: Die Marquise akzeptiert ihr ungewolltes Kind als „Geschenk, das ihr Gott gemacht hatte" und ihren Zustand familiärer Ächtung und gesellschaftlicher Isolation. Und weil sie das akzeptiert, macht sie - aus der Stärke der jetzt gewonnenen Selbständigkeit - ihren Zustand öffentlich (Zeitungsannonce). Die Erzählung setzt mit dieser Zeitungsnotiz ein und entwickelt die Vorgeschichte dieser skandalösen Annonce als **Geschichte einer Selbstfindung und Emanzipation**. Aber die Entwicklung der Marquise endet damit noch nicht, sondern wirklich erst mit dem letzten Satz der Novelle, der meist als Schlüssel zu ihrem Verständnis gedeutet wird. Die Marquise hatte bereits erkannt, dass der geliebte und geachtete Vater sich in einen bösartigen Tyrannen und wieder zurück in einen liebenden Vater verwandeln konnte und dass das Kind der Schande doch ein „Geschenk Gottes" sein konnte. Nur von ihrer verfehlten Sicht des Grafen konnte sie sich, wie man gut verstehen kann, lange nicht lösen: entweder (als Retter) ein Engel oder (als Vergewaltiger) ein Teufel. Deshalb hatte sie - für den halbeingeweihten Leser beinahe erheiternd blind - alle Indizien, die auf den Grafen als Täter hindeuteten, übersehen. Erst als sie sich eingesteht (nachdem sie wohl die erotische Attraktivität des Grafen schon widerwillig gefühlt hatte), dass dieser Mann trotz seiner schrecklichen Verfehlung auch ein liebenswerter, rücksichtsvoller, generöser Mensch ist; dass in seiner Person neben der „teuflischen" Anlage **ungezügelter Triebhaftigkeit** auch die „engelhafte" Anlage zu **aufopferungsvoller Hingabe** und respektvoller Liebe und Geduld ruht, wird sie den Menschen und der Welt und ihrer unvollkommenen, „gebrechlichen Einrichtung" (S. 42) gerecht. Der Abschluss der Geschichte dokumentiert das Gelingen einer Emanzipation aus unangemessener Welt-Wahrnehmung, und erst diese ermöglicht das glückliche **Ende**, das **durchaus komödienhafte Züge** trägt.

Überwindung einer verfehlten Sicht der Realität

In der Forschung umstritten ist zum einen, ob der Text ein uneingestandenes, **„verdrängtes" Wissen der Marquise** über die Umstände ihrer Mutterschaft unterstellt. Psychoanalytisch orientierte Interpreten bejahen dies: Ihre Ohnmacht nach dem Angriff der russischen Soldateska komme reichlich spät und sei deshalb halb als Hingabe, halb als Flucht vor dem eigenen sexuellen Begehren zu verstehen, das der Graf in ihr entfacht habe. Hauptindizien seien die erstaunliche Blindheit für das verräterische Verhalten des Grafen nach der Tat und vor allem ihr Ausbruch gegenüber dem Grafen (in der zweiten Werbungsszene) „**Ich will nichts wissen**". Zum anderen wird diskutiert, ob man tatsächlich von der **„Geschichte einer weiblichen Emanzipation"** sprechen dürfe, da die Marquise nach ihrem großen Aufbruch doch wieder in ihr Elternhaus zurückkehrt und sich schließlich wieder - dem traditionellen Familienschema entsprechend - in ihre Mutterrolle fügt.

„Verdrängtes" Wissen?

Geschichte einer Emanzipation?

Vater und Mutter der Marquise

Die **Mutter** ist deutlich weniger profiliert als der Vater. Erst in dem Moment, als die Familie durch die Raserei des Vaters droht in Stücke gerissen zu werden, geht sie ebenfalls eigene Wege. Sie ist „äußerst erbittert über die zerstörerische Heftigkeit ihres Gatten und über die Schwäche, mit welcher sie sich, bei der tyrannischen Verstoßung der Tochter, von ihm hatte unterjochen lassen" (S. 30). Deshalb wird sie zur **Vermittlerin**, prüft ihre Tochter (ob sie wirklich nicht wisse, wer der Vater sei) und zwingt den Obristen zum Reuebekenntnis.

Weibliche List

Der **Vater** wird zunächst als Soldat, als Offizier und Befehlshaber der Festung eingeführt. Als es zum Kampf kommt, erklärt er „gegen seine Familie, dass er sich nunmehr verhalten werde, als ob sie nicht vorhanden wäre" (S. 4). Autoritärer Befehlshaber ist er auch in seiner Familie, führt die Verhandlung bei der Werbung des Grafen und fühlt sich berechtigt, ohne das geringste Nachdenken in verächtlichstem Tone von seiner Tochter zu sprechen („Schamlosigkeit einer Hündin", S. 31), ihr selbst aber

Patriarchalischer Tyrann ...

jedes klärende Gespräch zu verweigern (S. 25). Gefangen in einer starren und von keiner Reflexion aufgeklärten Auffassung von Familie, Moral, Anstand, Recht, ist es für ihn selbstverständlich, mit Waffengewalt gegen seine Tochter vorzugehen, sie zu verstoßen und ihr die Kinder wegzunehmen.

... und seine Demontage

Aber seine **Tyrannenmacht wird pulverisiert**, als sich Tochter und Ehefrau nicht mehr ducken. **Die Kehrseite autoritärer Härte ist weinerliche Sentimentalität**. Die Versöhnungsszene mit ihrer befremdlichen erotischen Drastik (S. 37 f.) wird heute gern als inzestuös gedeutet.

Der Graf

Lebensretter und Vergewaltiger

Während der heutige Leser keine Mühe damit hat, Sympathie für die Marquise zu empfinden, tut er sich mit dem Grafen sehr viel schwerer. Auch in dieser Erzählung vom Anfang des 19. Jahrhunderts ist Vergewaltigung ein „frevelhafter Anschlag" (S. 6), ein todeswürdiges Verbrechen (die „ganze Rotte" der russischen Soldaten, die über die Marquise hergefallen war, wird auf der Stelle erschossen; S. 7). Erklärt wird die Schandtat nicht. Kleist scheint sich mit der traurigen und gerade für Extremsituationen wie Krieg entsetzlich oft bezeugten Tatsache zu begnügen, dass sie eben im Bereich menschlicher, genauer: männlicher Möglichkeiten liegt. Kleist wagt es, den Vergewaltiger als einen Menschen zu zeigen, der seine Schandtat sofort bitter bereut (so sollte man seinen sonderbaren Eifer bei der Bekämpfung des Brandes verstehen) und alles zu tun bereit ist, um für seine Tat einzustehen. Anstatt auf Nimmerwiedersehen zu verschwinden, kehrt er zurück. Er bittet um die Hand der Marquise, opfert seine Karriere, bleibt in seinem Bemühen beharrlich, wählt, als ein anderer Weg nicht mehr möglich ist, die Schande des öffentlichen Bekenntnisses. Er verzichtet auf alle Rechte, verhält sich nach der Hochzeit „zart, würdig und völlig musterhaft" (S. 42) und wirbt geduldig erst dann erneut

Erziehungsprozess

um die Marquise, als er fühlt, dass ihm verziehen sei. Diese **Entwicklung vom Triebtäter** über den allzu stürmisch Werbenden bis **zum „zart und würdig" sich Geduldenden** variiert abermals das Thema der notwendigen Überwindung eines starren Entweder-oder-Denkens (entweder sofortiger „Sieg" oder „Niederlage"). – Zwar helfen die Standesgleichheit und das Vermögen des Grafen, den Weg zu ebnen. Aber gerade die vornehme Abkunft bereitet, wenigstens Kleists damaligen Lesern, doch große Mühe, Triebhaftigkeit, Tapferkeit und Edelsinn zusammenzudenken – gerade wie das auch der Marquise so schwerfällt.

Auf einen Blick

- Marquise: zwischen traditioneller Frauenrolle und Emanzipation; schmerzhafter Weg der Realitätsprüfung; Erkenntnisprozess: die Menschen sind weder Engel noch Teufel, sondern beides
- Vater: Demontage seiner tyrannisch-patriarchalischen Führungsrolle
- Mutter: begehrt gegen ihren Mann auf und ebnet mit einer List der Versöhnung den Weg
- Graf: Kritik am Helden-Klischee: „Teufel" und „Engel" zugleich; Lernprozess von zerstörerischer Heftigkeit zu geduldiger Hingabe

3 Erzählweise und Aufbau

Aufbau

Diskontinuierliches und szenisches Erzählen

Betrachtet man das **Verhältnis von Erzählzeit** (am einfachsten gemessen in Seiten) **und erzählter Zeit**, zeigt sich, dass Kleist sehr **diskontinuierlich** erzählt. Die gesamte Handlung umfasst (den knappen Rückblick auf den Tod des ersten Gatten der Marquise drei Jahre zuvor ausgenommen) etwa ein Jahr und neun Monate. Davon werden nur **wenige Tage ausführlicher dargestellt**, die übrige Zeit wird mit summarischen Bemerkungen wie „mehrere Monate vergingen" (S. 8) und zuletzt „nach Verlauf eines Jahres" (S. 42) übersprungen. Im Mittelpunkt stehen **dramatisch zugespitzte Szenen:** Belagerung und Vergewaltigung (S. 3–7), erster Heiratsantrag des Grafen (S. 9–19), Feststellung der Schwangerschaft, Zerwürfnis der Marquise mit ihren Eltern und Selbstfindung, zweiter Eroberungsversuch des Grafen, Versöhnung mit der Familie, das Erscheinen des Grafen am entscheidenden Tag – dies alles spielt sich offenbar an wenigen aufeinander folgenden Tagen ab (S. 19–42).

Analytisches Erzählen und Ironie

Die Erzählung beginnt mit einem **Paukenschlag**. Wie in mehreren seiner Erzählungen konfrontiert Kleist den Leser im ersten Satz mit einem ungelösten Rätsel, einem skandalösen Widerspruch. Der Leser will wissen, wie es zu dieser unwissentlichen Schwangerschaft kam, wer der Täter war und ob die Marquise den Mann, der sie vergewaltigt hat, dennoch heiratet. Dieser Beginn – und die Nicht-Darstellung der Tat – macht den Text zu einer **analytischen Erzählung** (in Analogie zum analytischen Drama). S. 3–26: Die Vorgeschichte des rätselhaften Ereignisses wird Schritt für Schritt rekonstruiert. S. 30: Der Graf, der Täter, liest die Zeitungsannonce. S. 39: Die Marquise erfährt endlich, wen sie sucht. Die Tat selbst hat Kleist in einem Gedankenstrich gleichzeitig angedeutet und versteckt („Hier – traf er, da bald darauf ihre erschrockenen Frauen erschienen, (…), S. 5). Das erzählerische Arrangement zwingt den Leser, das Rätsel selbst zu lösen – wie die Figuren. Nur wird er die Zeichen schneller deuten als diese, da er ja schon die Zeitungsnotiz kennt. Die Erzählsituation ist **ironisch**. Der auktoriale Erzähler verbirgt zwar die Tat und gewährt keine verlässlichen Einblicke in die Psyche des Täters, aber er kommuniziert hinter dem Rücken der Figuren mit dem Leser, der manches als verräterische Zeichen dechiffriert, was die Figuren übersehen oder gar nicht wissen. Das betrifft vor allem das verräterisch übereifrige Verhalten des Grafen nach seiner Schandtat (S. 5–7).

Analytisches Erzählen

Ironie

Aber macht sich der Erzähler nicht auch über die Marquise lustig, die in religiöser Schwärmerei Zuflucht sucht, anstatt konsequenter die Wirklichkeit zu prüfen? Sie verliert beinahe den Verstand und rettet sich, indem sie sich „ganz unter der großen, heiligen und unerklärlichen Einrichtung der Welt" gefangen gibt – während doch für den Leser die Sache weder „unerklärlich" noch gar „heilig" ist. Im Allgemeinen gelten **nonverbale Körperreaktionen** – Ohnmacht, Erröten, Redeabbrüche –, weil sie unwillkürlich sind, also nicht gesellschaftlich geprägter rationaler Kontrolle unterliegen, als Zeugnisse (halb)verborgener, uneingestandener oder „verdrängter" Neigungen oder Gedanken. Weil Kleists Texte aber in wichtigen Fragen informationsarm sind, wenige verlässliche Wertungen enthalten und deshalb vieles so deutungsoffen ist und weil der Autor gerade in der „Marquise von O…" das Spiel mit der Suche nach Anspielungen, Indizien und Signalen bewusst anzettelt, ist die Suche nach solchen Zeichen und bedeutungstragenden Korrespondenzen ebenso reizvoll wie unabschließbar.

Nonverbale Körperreaktionen

Symbole

Symbolisch ist die Erzählung des Grafen von seiner erinnerungsgesättigten Fiebervision, in deren Mittelpunkt ein weiblicher **Schwan** namens Thinka steht, den er quält. (Der Schwan ist schon traditionell ein Symbol der Reinheit, zusätzlich bedeutet der Name „die Reine".) Der Schwan selbst ist ein Symbol für die Marquise und die ganze Geschichte ist verklausuliertes Schuldbekenntnis, beklommene Lagebeschreibung und Wunschtraum in einem – und obendrein ein Hinweis auf einen seit langem ausgeprägten Zug der Persönlichkeit.

Der Schwan

Über das zeichenhaften Handeln des Grafen beim Löschen des Brandes im Schloss hinaus ist der gesamte **Vorstellungsbereich Festung – Krieg – Belagerung – Eroberung** symbolisch aufgeladen. Bei der ersten stürmischen Werbung des Grafen sind sich alle einig, „dass sein Betragen sehr sonderbar sei, und dass er Damenherzen durch Anlauf, wie Festungen, zu erobern gewohnt scheine" (S. 13 f.). Die Parallele ist noch heute redensartlich („jemanden im Sturm erobern").

Zeichenhaftes Handeln

Die Marquise zieht sich nach der Verstoßung durch den Vater in ihren „ein wenig verfallenen Landsitz" (S. 26) zurück, wo sie sich meistens in der „Laube" ihres „weitläufigen Gartens, der sich hinter dem Haus ausbreitete" (S. 28), aufhält. Das folgt dem oft verwendeten Modell des **hortus conclusus, des verschlossenen Gartens**, der als Symbol für die Jungfrau Maria gilt. Das korrespondiert mit der Festung, in der sich der Graf das erste Mal der Marquise nähert und sich an ihr vergeht.

Hortus conclusus

Auf einen Blick

- Analytische Erzählung
- Kein gleichmäßiger Erzählfluss, sondern Heraushebung dramatisch intensivierter Szenen
- Vorherrschen indirekter Kommentierungstechnik (Ironie, verräterische Zeichen – besonders in nonverbalen Reaktionen: Mimik, Gestik und Verhalten)
- Schwan als Symbol der Marquise

4 Themen

Aufklärerische Tradition

Pessimistische Anthropologie

Man kann die Erzählung als **„Generalangriff auf die Konvention"** (Jochen Schmidt) verstehen und sie damit in die **Tradition der Aufklärung** einordnen. Ihr hat sich Kleist verbunden gefühlt; aber seine Sicht der Welt und der Menschen ist wesentlich **pessimistischer** als die der Aufklärer. In seiner **Anthropologie** sind die Kräfte, die sich rationaler und willentlicher Steuerung entziehen, sehr stark, behalten oft die Oberhand und wirken ebenso oft zerstörerisch. Die Fähigkeit, die Welt realistisch und vorurteilsfrei zu sehen, ist stark getrübt; oft bleibt die Deutung der Welt durch die Figuren falsch. – Der adlige Offizier ist ein Vergewaltiger; der Obrist zuerst ein wutstarrer, an seinen Normen klebender Tyrann, der dann in Reuetränen zerfließt und seine Tochter abküsst „wie ein Geliebter"; die Marquise, eine erwachsene und erfahrene Frau, verweigert sich der Realitätsprüfung – sie hält den Ursprung ihres Kindes, „weil er geheimnisvoller war, auch für göttlicher (…) als der anderer Kinder", anstatt ihre Erinnerung konsequent zu befragen und das sonderbare Verhalten des Grafen realitätsgerechter zu beurteilen. **Alle Figuren sind zunächst befangen in einem unangemessenen Entweder-oder-Denken** (die Marquise über den Grafen: Engel oder Teufel; der Vater über die Marquise: Heilige oder schamlose Hündin) und lernen unter Qualen, die „gebrechliche Einrichtung der Welt" als zwiespältiges Ineinander von Gut und Böse, Trieb und Vernunft, Brutalität und Zärtlichkeit anzuerkennen. Im „Erdbeben in Chili" schlägt die Realitätsprüfung fehl, und das führt in die Katastrophe. In der „Marquise von O…" gelingen Erkennen und Versöhnung im letzten Augenblick. Aufschlussreich ist der **Vergleich** mit einem Hauptwerk der Aufklärung, mit Lessings **„Nathan der Weise"** (1781). Auch hier rettet ein junger adliger Krieger mit reichlich starrer Weltsicht (der Tempelherr) eine junge Frau (Recha) aus Todesgefahr, nämlich aus den Flammen ihres brennenden Hauses. Auch der Tempelherr ist zu Beginn bei allen edlen Anlagen ein zur Unbedachtheit und Heftigkeit neigender junger Mann (aber kein Vergewaltiger). Auch Recha sieht die Dinge nicht, wie sie sind, sondern beginnt „andächtig (zu) schwärmen" (Vers 360) und spricht von „meinem Engel" (Vers 190), der sie gerettet habe (so wie die Marquise im Grafen einen „Engel des Himmels sieht", S. 4). Bei Lessing wird diese Situation zum Ausgangspunkt eines Musterbeispiels aufklärerischen Handelns: Nathan, „der Weise", Rechas Pflegevater, erkennt die Lage sofort und verwickelt sie in ein einfühlsames, aufklärerisch-pädagogisches Gespräch, das der jungen Frau binnen kurzem die Augen öffnet, sie von ihrer „grausamen" Schwärmerei (Vers 329) heilt – und selbst ein Lehrstück aufklärerischer Praxis und des Glaubens an die vorurteilslösende Kraft des vernünftigen Gesprächs ist. – Nichts davon bei Kleist – oder doch nur, dass alles Reden wenig fruchtet, weil es den Persönlichkeitskern kaum erreicht. Wie die Aufklärer zeigt und kritisiert Kleist das Einengende, Unangemessene wirklichkeitsfernen Wahrnehmens, Denkens und Verhaltens, aber es gelingt den Figuren viel schwerer, und oft überhaupt nicht, sich daraus zu befreien, und ein Weiser, der hilft, ist selten zur Stelle. **Das trennt Kleist von der Aufklärung ebenso wie von der Beschwörung gelingender Humanität im Weimarer Klassik-Programm Goethes und Schillers.** Über den hochgespannten Edelmut von Goethes „Iphigenie auf Taurus" (1787) kann er nur den Kopf geschüttelt haben. Kleists Figuren kennen sich nicht besonders gut; was sie zu wissen glauben, ist oft falsch; wonach sie ihr Handeln ausrichten, ist unzulänglich. Selbst das innerste Gefühl kann trügen. Leidenschaften, Triebe und Bosheit sind oft stärker als Vernunft und Güte. Zufälle bestimmen oft den Lauf der Dinge und durchkreuzen die Pläne der Menschen. Die Welt ist verworren, göttliches Handeln nicht erkennbar und Gewalt allgegenwärtig. Kleist zeigt all das und wie seine Figuren darin zurechtzukommen versuchen. Eine Lösung zeigt er nicht.

Vergleich mit Lessings „Nathan der Weise"

Skepsis gegenüber dem Humanitätsideal der Weimarer Klassik

Auf einen Blick

- Angriff auf Konventionen, die der Wirklichkeit nicht angemessen sind: Gemeinsamkeit mit aufklärerischem Denken
- Kritik eines inadäquaten Entweder-oder-Denkens
- Trotzdem Skepsis gegenüber dem Erziehungsoptimismus der Aufklärung und dem Humanitätsideal der Weimarer Klassik

1 Inhaltsübersicht

Kleist siedelt die Handlung 1647 in Santiago („St. Jago“) an, der Hauptstadt des damals zu Spanien gehörenden Vize-Königreichs Chile („Chili“). – Der aus Spanien stammende Jeronimo Rugera, Hauslehrer bei dem reichen Edelmann Don Henrico Asteron, beginnt mit dessen Tochter Josephe ein Liebesverhältnis. Von Josephes Bruder verraten, wird Jeronimo entlassen und Josephe in ein Kloster gesteckt. Doch Jeronimo verschafft sich Zutritt und macht „in einer verschwiegenen Nacht den Klostergarten zum Schauplatz seines vollen Glückes“ (S. 7) – mit der Folge, dass Josephe während der Fronleichnamsprozession „in Mutterwehen auf den Stufen der Kathedrale niedersank“ (S. 7). Die Tat der beiden Liebenden und die Folgen werden in der Öffentlichkeit als schwerste Verbrechen empfunden. Jeronimo wird ins Gefängnis gesteckt, Josephe in einem kirchlich befohlenen Prozess zum Tode verurteilt. Als sie zum Richtplatz geführt wird und Jeronimo sich in seiner Gefängniszelle aus Verzweiflung erhängen will, geschieht das Erdbeben. Santiago wird zerstört, die Herrschaft von Staat und Kirche für kurze Zeit außer Kraft gesetzt, Josephe und Jeronimo aber kommen frei. Sie kann ihr Kind an sich bringen, er flieht aus dem einstürzenden Gefängnis, und nach einigem Umherirren finden die beiden sich, überglücklich, in einem Tal unweit der Stadt, in dem viele Überlebende Zuflucht gefunden haben. In schöner gegenseitiger Hilfe über alle Klassen- und Standesschranken hinweg stehen sie einander bei, „als ob das allgemeine Unglück, alles, was ihm entronnen war, zu einer Familie gemacht hätte“ (S. 16). – Am nächsten Morgen finden Josephe und Jeronimo mit ihrem Kind freundliche Aufnahme bei der mit Josephe gut bekannten Familie Don Fernandos. Sie geben den Plan einer Flucht nach Spanien auf, weil sie im Überschwang ihres Glückes glauben, bei König und Kirche Begnadigung erwirken zu können. Beseelt von dem Wunsch, Gott für ihre wunderbare Rettung zu danken, schließen sie sich mit Don Fernando der Menschenmenge an, die am Nachmittag zur einzig unzerstörten Kirche Santiagos zieht, wo eine Messe abgehalten werden soll, „den Himmel um Verhütung ferneren Unglücks anzuflehen“ (S. 17). Der Prediger aber deutet das Erdbeben als Strafe Gottes für menschliche Verfehlungen, kommt ausdrücklich auf das in seinen Augen schändliche Verhalten Josephes und Jeronimos zu sprechen, deren Seelen er schließlich „den Fürsten der Hölle“ übergibt. Die erregte Menge erkennt die beiden, und obwohl Don Fernando seine Freunde „wie ein göttlicher Held“ verteidigt, werden sie genauso erschlagen wie Fernandos Schwägerin und sein Sohn Juan. Das Kind der getöteten Liebenden überlebt. Fernando und seine Frau nehmen es als Pflegesohn auf, und wenn er die beiden Knaben „verglich, und wie er sie erworben hatte, so war ihm fast, als müsst er sich freuen“ (S. 23).

2 Figurenkonstellation

Wenige individuelle Züge

Alle Figuren zeigen **relativ wenige individuelle Züge** und entwickeln sich kaum. Sie reagieren mehr, als dass sie planend agieren. Josephe und Jeronimo lieben sich, zeugen ein Kind und Josephe bringt es zur Welt. Treibende Kraft ihres Handelns ist die Liebe, an deren Echtheit und Tiefe kein Zweifel besteht. Wie in der „Marquise von O…“ ist es das **illegitime Kind**, das den **Bruch zwischen den beiden jungen Leuten und der Gemeinschaft** besiegelt. Der Gegensatz ist und bleibt unheilbar – zu Josephes Familie (die zur Oberschicht gehört) und zur Masse der **frommen Fanatiker** sowie zur religiös fundierten sozialen Ordnung und ihren Repräsentanten. Bei der Gestaltung dieser Gruppe nimmt Kleist nur wenige Differenzierungen vor: Josephes Familie und die Äbtissin setzen sich nach dem Todesurteil für die junge Mutter ein, der Vizekönig wandelt den Feuertod „zur großen Entrüstung der Matronen und Jungfrauen von St. Jago“ (S. 8) in eine Enthauptung um. Insgesamt wird die feindliche Gruppe der frommen Fanatiker als aggressiv und in höchstem Grade blutrünstig dargestellt. In der Schlussszene wird als **exzessiver Einzeltäter** der Schumacher Pedrillo herausgehoben. – Im **Mittelteil**, als das Erdbeben die zivilisatorische Ordnung zerstört hat, bleiben die Menschen genauso anonyme **Teile einer großen, diesmal freundlichen Gemeinschaft**. Nachher, als die alte Ordnung wiederhergestellt wird, werden sie wieder, wie sie am Anfang der Erzählung waren.

Zwei Gruppen

Josephe und Jeronimo

Versuchsfiguren

Sie sind gewissermaßen **Versuchsfiguren**, an denen beispielhaft dargestellt wird, wie naive, gutgesinnte (junge) Menschen aufgrund eines aus aufrichtiger Liebe geschehenden (aber unbesonnenen) Verhaltens ins todbringende Räderwerk eines gesellschaftlichen Ächtungs- und Strafmechanismus geraten. – Nach ihrer Befreiung zeigt **Josephe** Umsicht und Mut (als sie unter Lebensgefahr ihr Kind aus dem einstürzenden Kloster holt), nicht ohne dabei der getöteten Äbtissin in einem Akt liebevoller Pietät die Augen zu schließen (S. 12). Sie ist auf unkomplizierte Weise hilfsbereit (als sie die verletzte Donna Elisabeth pflegt und Donna Elvires Kind säugt), offenbart „Klugheit" (S. 17), als sie auf Auswanderung drängt, und zuletzt Geistesgegenwart und todesverachtende Opferbereitschaft: Sie fordert Don Fernando auf, sich in Sicherheit zu bringen, und opfert sich dem Mob „freiwillig" (S. 22). Dies alles bringt ihr die Sympathie des Lesers ein. – Zugleich ist es **Josephes tiefe Frömmigkeit**, die entscheidend zur Katastrophe beiträgt, weil diese Frömmigkeit zu einer **verhängnisvollen Fehleinschätzung** führt. Für Josephe wirkt es in dem Augenblick ihrer Rettung durch das Erdbeben, „als ob alle Engel des Himmels sie umschwirrten" (S. 11 f.) – ein tragischer Irrtum. Als sie vom Gottesdienst erfährt, ist ihre Klugheit (Flucht nach Spanien!) wie weggeblasen. Ihr „Drang, ihr Antlitz vor dem Schöpfer in den Staub zu legen" (S. 18), gibt den Ausschlag dafür, dass die kleine Schar zur Kirche aufbricht.

Fehleinschätzung

Jeronimo gewinnt weniger Profil. Ob er als „Lehrer" (S. 7) die bigott-grausamen Verhältnisse seiner Umgebung nicht eigentlich hätte kennen sollen, wird nicht problematisiert. Jedenfalls ist es ihm wichtiger, in den Garten des Klosters einzudringen und ihn „zum Schauplatz seines vollen Glückes" (S. 7) zu machen. Von da an ist er Zuschauer. Im Gefängnis vor Hilflosigkeit verzweifelnd, will er sich das Leben nehmen, irrt nach seiner Befreiung „besinnungslos" (S. 8) durch das Inferno und wird „ohnmächtig" (S. 9). **Psychisch im Ausnahmezustand** können die Liebenden in der Erinnerung gar nicht weiter, als bis auf das Erdbeben „zurückgehen". In ihrer Wahrnehmung sind die alte Ordnung vergangen und „die Gemüter (…) alle versöhnt" (S. 15). Im Schlussteil bleibt Jeronimo reine Funktionsfigur. Er wird von seinem eigenen Vater „mit einem ungeheuren Keulenschlage" getötet (S. 22).

Naivität

Josephe und Jeronimo **kennen die Gesellschaft nicht**, in der sie leben. Sie verkennen von Anfang an den hassgesättigten Fanatismus, mit dem über die Sexualmoral gewacht wird. Sie verkennen, dass die Naturkatastrophe die gnadenlosen Regeln nur vorübergehend außer Kraft setzt und ein rein zufälliges Ereignis ohne Bezug zu sozialem Verhalten ist. Und sie verkennen, dass die Menschen, die mit ihnen in die Kirche strömen, dieselben sind, die tags zuvor noch voll Schaulust der Hinrichtung der „Klostermetze" (S. 22) entgegenfieberten. **Der Leser aber steht auf der Seite der Liebenden.** Zwar schlagen sie alle Bedenken in den Wind. Das ist ein Fehler, aber **nicht im moralischen Sinne schuldhaft**. Schuld sind allein der Prediger, der „im Flusse priesterlicher Beredsamkeit" (S. 19 f.) die Masse aufputscht, und die „fanatischen Mordknechte" (S. 22) um Meister Pedrillo und Jeronimos Vater. Eine **tödliche Falle** wird die Kirche allein durch das **passgenaue Ineinander von Hasspredigt**, dadurch geweckter, immer schon vorhandener **Aggressivität** der Menge und Anwesenheit von **Sündenböcken**.

Don Fernando

Er begeht ebenfalls den Fehler, die Gefahr zu verkennen. Aber im entscheidenden Moment handelt der Sohn des Stadtkommandanten, der Josephe und Jeronimo im Tal ganz **vorurteilsfrei** begegnet war, „mit wahrhaft heldenmütiger Besonnenheit" (S. 21), wie der Erzähler ausdrücklich und **ohne Ironie** feststellt. **„Dieser göttliche Held"** verhält sich in schier aussichtsloser Lage kaltblütig, verwirrt den Gegner und tritt, tapfer kämpfend, mit seinem Leben für die Verfolgten ein. Er **verkörpert** im Wertesystem der Erzählung **die bessere Moral** als der Priester und die „Bluthunde" der „satanischen Rotte" (S. 23). Don Fernando verliert sein eigenes Kind bei dem Lynchmord. Die Aufnahme des kleinen Philipp bedeutet die abermals durch ein vorsichtiges „als ob" relativierte Möglichkeit eines Neuanfangs.

Vorbildliches Verhalten

Auf einen Blick

- Antithetische Gegenüberstellung: fromme Fanatiker (einschließlich der Familien der beiden Liebenden) – das liebende Paar und Don Fernando mit seiner Familie
- Josephe und Jeronimo: die Bedingungen der Welt verkennende Liebe und Naivität
- Don Fernando: vorurteilsfreie Tapferkeit im Dienste des Nächsten als vorbildliches Verhalten

3 Erzählweise und Aufbau

Erzählerverhalten: direktes und indirektes Kommentieren

Deutungsaskese des auktorialen Erzählers

Der Erzähler **berichtet**, aber er **reflektiert nicht**. Die Erzählweise ist **auktorial**, aber **stark zurückgenommen**. Der Erzähler hat Einblick in die Gedanken und Gefühle seiner Figuren, teilt aber längst nicht alles mit. Die Erzählperspektive ist sehr oft die Perspektive einer Figur, was dem Leser erhebliche Aufmerksamkeit abverlangt. Obwohl der Erzähler das Geschehen als Ganzes nicht interpretiert, **lenkt er den Leser sehr wohl**. Dessen **Sympathien** liegen eindeutig **auf Seiten der beiden Liebenden** und denen, die ihnen helfen. Kleist benutzt sowohl Verfahren der **direkten als auch der indirekten Kommentierung** mittels **punktueller wertender Ausdrücke**. Don Fernando wird direkt als „dieser göttliche Held" (S. 23) bezeichnet, Meister Pedrillo in direkter Antithese als „Fürst der satanischen Rotte" (S. 23) und als „fanatischer Mordknecht" (S. 22). Es gibt allerdings einen **gleitenden Übergang** von solchen auktorial verlässlichen Kommentierungen (als Angaben, wie es in der Welt der Erzählung „tatsächlich ist") und Formulierungen, in denen, gleichsam in erlebter Rede, nur die Ansicht oder Wertung einer Figur mitgeteilt wird: „Doch der **gefürchtete** Tag erschien" (S. 8) ist perspektivisch auf Jeronimo bezogen; er fürchtet diesen Tag, während sich die Einwohner Santiagos darauf freuen. – Wichtiger aber ist die **indirekte Kommentierung**, vor allem mit den **Mitteln des hyperbolisch zugespitzten Kontrastes** und der **Zuordnung von Verhaltensweisen** zu einer Figur, von denen Kleist annehmen kann, dass der Leser sie so oder so bewertet. Auch wenn Don Fernando nicht als „der göttliche Held" bezeichnet worden wäre, würde ihn der Leser als solchen ansehen, weil er Wehrlose und in den Augen des Lesers Unschuldige verteidigt. Donna Elisabeth ist sympathisch, weil sie besonnen ist und zu Recht zur Vorsicht rät, die Äbtissin, weil sie Josephe „lieb gewonnen" (S. 8) und sich für sie eingesetzt hatte. Die „Matronen und Jungfrauen" aber (S. 8) – sorgfältig wählt Kleist diese beiden Teilgruppen sexuell nicht mehr oder noch nicht aktiver Frauen aus –, die sich entrüsten, der Erzbischof, der den „geschärftesten Prozess" veranlasst (S. 7), der Dominikanerprediger (S. 19 f.), Jeronimos Vater, der seinen eigenen Sohn erschlägt (S. 22; man glaubt das kaum, und viele Interpreten wollen es deshalb offenlassen, ob sich da einer nur als Vater ausgegeben hat) – sie alle wirken abstoßend mit ihrer grausamen katholischen Sexualmoral. Und selbst wenn 1807 katholische Leser das Verhalten Josephes und Jeronimos als unzüchtig verurteilt und eine namentliche Bloßstellung gutgeheißen hätten – die von Kleist arrangierte drastische Zuspitzung der Straf- und Gewaltexzesse hätten eine Distanzierung vom Geschehen bewirkt.

„als-ob"

Relativierung

Kleist entzieht dem Leser den Boden des sicheren Urteils – auch durch die vielen Formulierungen mit „als-ob" und „es scheint" an zentralen Stellen der Erzählung: Die Liebenden empfinden ihr Glück, „als ob es das Tal von Eden gewesen wäre" (S. 13); es ist „als ob die Gemüter (…) alle versöhnt wären" (S. 15) und „als ob das allgemeine Unglück Alles, was ihm entronnen war, zu einer Familie gemacht hätte" (S. 16); „der menschliche Geist selbst" scheint „wie eine schöne Blume aufzugehn" (S. 16).
Die Mehrdeutigkeit dieser in der Schwebe gehaltenen Formulierungen darf nicht aufgelöst werden. Der Eindruck, „als ob die Gemüter (…) alle versöhnt wären", ist trügerisch, weil der hier beschriebene Zustand schon am Nachmittag desselben Tages nicht mehr besteht. In diesem winzigen Moment existiert er aber. Nicht der Eindruck selbst ist falsch, sondern die naive Einschätzung seiner Dauer und Reichweite.

Zeitstruktur

Meist chronologisch-linear

Wie „Die Marquise von O…" greift auch hier der erste Satz vor, konfrontiert den Leser mit einem Handlungshöhepunkt und **erregt auf diese Weise seine Neugier**. Die titelgebende Naturkatastrophe wird temporal („eben als") mit der tödlich zugespitzten Situation einer Hauptfigur verbunden. Dann springt die Erzählung zurück und entwickelt auf knappstem Raum die Vorgeschichte. Die beiden Parteien werden etabliert, hier das naive junge Liebespaar, dort die hasserfüllten Frommen und ihre institutionellen Repräsentanten. Die **Kernhandlung** umfasst **nur anderthalb Tage**. Kleist erzählt **meist chronologisch linear** und greift lediglich einmal zurück. Der Ereignisfülle des ersten und letzten Teils steht die lyrische Schilderung des idyllischen Mittelteils gegenüber. Der Höhepunkt, die Mordszene, wird beinahe zeitdeckend in **szenischer Direktheit** vermittelt. Der Epilog ist zeitlich unbestimmt.

Lynchexzess in szenischer Direktheit

Die symbolische Raum-Zeit-Struktur

Symbolhafte Dreiteilung

In der von Kleist autorisierten Buchfassung von 1810 gibt es nur drei Abschnitte. Diese **Dreiteilung** hat **symbolische Bedeutung**: Erster Teil: entspricht dem ganzen ersten Tag (also bis zur Nacht im Tal, wobei der Absatz die Schilderung des Glückes der endlich vereinigten jungen Familie abschließt). – Zweiter Teil: Begegnung mit der Familie Don Fernandos; Schilderung der paradiesischen Zustände echter Menschlichkeit im Tal; Plan der Liebenden, nach Conception zu gehen und von dort aus, in sicherer Entfernung, ihre Begnadigung zu betreiben. – Dritter Teil: vom verhängnisvollen Beschluss, am Gottesdienst teilzunehmen, bis zur Katastrophe.

Der **Mittelteil** steht für sich. Dargestellt ist hier ein Zustand, in dem das persönliche Glück der kleinen Familie (Josephe, Jeronimo und ihr Sohn Philipp) eingebettet ist in einen umfassenden Zustand, in dem gesellschaftliche Schranken und Normen aufgehoben sind, jeder jedem hilft und reine Menschlichkeit herrscht – angesiedelt in einem idyllisch dargestellten Tal außerhalb der Stadt. Die Liebenden finden hier „Seligkeit, als ob es das Tal von Eden gewesen wäre" (S. 13), also das **Paradies** im biblischen Sinne (in Genesis 2 wird vom „Garten Eden" gesprochen). Die Szenerie – „von Pinien beschattetes Tal" (S. 12), „Talquelle" (S. 13) – ist nach dem Muster des **locus amoenus**, des „lieblichen Ortes", gestaltet, das aus der Antike herstammt, allen Dichtern geläufig war und bis heute in Kunst und Werbung oft benutzt wird. Das Schlussbild des zweiten Absatzes verstärkt den idyllischen Eindruck noch einmal, indem noch ein prachtvoller „Granatapfelbaum", in dessen Wipfel die Nachtigall ihr „wollüstiges Lied" flötet (S. 13), hinzugefügt wird. Für den vorübergehenden „anderen" Zustand im Tal bietet der Text zwei Interpretationen an: neben der religiösen („Tal von Eden", S. 13) auch eine philosophische: „in der Tat schien (...) der menschliche Geist selbst, wie eine schöne Blume, aufzugehn" (S. 16).

Utopie der Menschlichkeit

Kleist folgt dem französichen Philosophen Jean-Jacques Rousseau, wenn er die Zerstörung der herrschenden zivilisatorischen Ordnung zur Voraussetzung des Idealzustandes macht und ihn nicht in der Stadt, sondern in der Natur stattfinden lässt. Wie in der aufklärerischen Philosophie wird der „menschliche Geist" auf Vernunft, Humanität, Gerechtigkeit bezogen gedacht. Dazu gehört auch die Vorurteilslosigkeit, mit der die Familie Ormez – immerhin ist Don Fernando Sohn des Stadtkommandanten – die beiden zum Tode Verurteilten aufnimmt. Ferner erscheint die gegenseitige Hilfe über alle Klassen- und Standesschranken hinweg so, „als ob das allgemeine Unglück alles, was ihm entronnen war, zu einer Familie gemacht hätte" (S. 16). Wenn Kleist die Familie als ideale Gemeinschaftsform im Sinne einer metaphorischen Menschheitsfamilie beschwört (im Kontrast zu den realen Familien Josephes und Jeronimos), dann folgt er auch damit einer Idee der Aufklärung. Lessing lässt etwa in „Nathan der Weise" (1781) alle Hauptfiguren (mit Ausnahme Nathans freilich!) am Schluss überraschend miteinander verwandt sein.

Abstrahierend kann man die Erzählung aus der Perspektive des liebenden Paares als Abfolge dreier Zustände gliedern:

1. Phase	2. Phase	3. Phase
Unglück (verursacht durch Normverstoß aus Liebe)	**Glück**	**Unglück**
Stadt	Natur (Tal außerhalb der Stadt)	Stadt
Zivilisation	Aufhebung der Zivilisation	Zivilisation
Herrschaft der Ordnungsmächte Staat und Kirche und der niederen Instinkte	Herrschaft des „menschlichen Geistes"	erneuerte Herrschaft der alten Ordnungsmächte und der feindseligen Affekte
Wirklichkeit	Ideal oder Utopie; in biblischer Vorstellung: Paradies – in philosophischer: vorgesellschaftlicher Naturzustand (Rousseau) oder Zustand des „aufgegangenen menschlichen Geistes"	Wirklichkeit

Drei-Stadien-Modell des Geschichtsablaufs

Diese Dreiteilung knüpft an ein sehr geläufiges Deutungsschema des geschichtlichen Ablaufs an, das sogenannte **triadische Geschichtsmodell**. Es basiert auf der jüdisch-christlichen Vorstellung **Paradies – sündhafte Welt – Wiederherstellung des Paradieses (oder Reich Gottes)**. Kleist selbst legt es seinem Aufsatz „Über das Marionettentheater" zugrunde („Doch das Paradies ist verriegelt und

der Cherub hinter uns; wir müssen die Reise um die Welt machen, und sehen, ob es vielleicht von hinten irgendwo wieder offen ist." – „Mithin, sagte ich ein wenig zerstreut, müssten wir wieder von dem Baum der Erkenntnis essen, um in den Stand der Unschuld zurückzufallen? – Allerdings, antwortete er; das ist das letzte Kapitel von der Geschichte der Welt."). In „Das Erdbeben in Chili" kehrt Kleist die Reihenfolge um: Wir leben in einer unerlösten Welt voller Gewalt, Vorurteile und grausamer klerikaler Herrschaft. Nur augenblickshaft, wenn die Ordnung dieser Gewaltwelt gründlich erschüttert wird, kann sich das, was auch für den Pessimisten Kleist das Ideale ist, etablieren: die Herrschaft des „menschlichen Geistes". Die Erzählung macht deutlich, wie wenig die Wirklichkeit dem Idealzustand entspricht. Er bleibt **Utopie**, ist, im wörtlichen Sinne, auf der Erde „nicht zu Hause".
Kleist erspart dem Leser nichts. Aber das letzte Wort hat nicht die Gewalt. Die Erzählung schließt mit einer Art Coda, einer Abrundung, die zaghaft und mit Einschränkungen im Weiterleben des vermeintlich sündhaft gezeugten Kindes und der **Neugründung einer Familie** eine hellere Spur in die Zukunft zeigt.

Auf einen Blick

- Nebeneinander von figurenbezogenen und auktorialen Deutungen des Geschehens
- Symbolische Raum-Zeit-Dreiteilung als skeptische Variation des biblischen und aufklärerisch-optimistischen Modells des Geschichtsablaufs
- Festhalten an der Utopie der Menschheit als Familie

4 Themen

Historisches Erdbeben 1647

1647 hat tatsächlich ein **Erdbeben Santiago de Chile** zerstört. Aber Kleist erzählt nicht die Geschichte dieses Erdbebens. Ein **Vergleich mit den Quellen**, die Kleist gekannt haben könnte, zeigt **große Unterschiede**. Offenbar ging es Kleist **nicht um historische Genauigkeit**. Er nutzte lediglich einige wenige Details des räumlich und zeitlich fernen Ereignisses als Kulisse seiner Erzählung.

Erdbeben von Lissabon 1755

Thematisch zentral ist die **Deutung des Erdbebens als ein göttliches Zeichen**. Kleist konnte sich dabei auf die Debatte beziehen, die anlässlich des verheerenden Erdbebens von Lissabon im Jahre 1755 geführt wurde. Der **Fortschrittsoptimismus der Aufklärung** wurde durch dieses Erdbeben, das Zehntausende Menschen das Leben gekostet hatte, schwer **erschüttert**. Denn wie konnte Gott, den man sich als allmächtigen, allgütigen und allwissenden Welterhalter dachte, der die Welt zum Besten eingerichtet hatte, solch ein Unglück zulassen? Das war das **Problem der Theodizee** (der gedanklichen Versuche, Gottes Verhalten angesichts unverschuldeten menschlichen Unglücks erklärend zu rechtfertigen). Kleist kannte diese Diskussion und wohl auch die entsprechenden Schriften der Philosophen Voltaire, Rousseau und Kant.

Voltaire und Kant

Voltaire hatte noch im Jahr 1755 in seinem (rasch vielfach übersetzten) Lehrgedicht „Poème sur le désastre de Lisbonne" die aufklärerische Parole „Alles ist gut" einer scharfen Kritik unterzogen und jeden Rückschluss von der Katastrophe auf Absichten Gottes zurückgewiesen. 1759 führt er die Helden seines satirischen Romans „Candide oder der Optimismus", in dem er die Formel von der Welt als „der besten aller möglichen Welten" mit bissigem Spott ad absurdum führt, auch nach Lissabon. Dort werden sie beim Erdbeben verwundet und anschließend Opfer eines von den „Weisen des Landes" ersonnenen Planes: „Die Universität Coimbra hatte sich dahin geäußert, dass das feierliche Schauspiel einiger bei kleinem Feuer schmorender Menschen ein unfehlbares Mittel sei, um die Erde am Beben zu hindern." Nach der Hinrichtung, natürlich, „bebte die Erde von neuem mit furchtbarem Getöse" (Voltaire: „Candide", 6. Kapitel; Übersetzung: Ilse Linden, Berlin 1920). – Immanuel **Kant** hatte in einem 1755 veröffentlichten Beitrag ebenfalls alle philosophischen und theologischen Deutungen des Lissabonner Erdbebens (als Strafe, als Warnung usw.) zurückgewiesen und für prinzipiell unzulässig erklärt: „ Der Anblick so vieler Elenden, als die letztere Katastrophe [von Lissabon] unter unseren Mitbürgern gemacht hat, soll die Menschenliebe rege machen und uns einen Theil des Unglücks empfinden lassen, welches sie mit solcher Härte betroffen hat. Man verstößt aber gar sehr dawider, wenn man dergleichen Schicksale jederzeit als verhängte Strafgerichte ansieht, die die verheerten Städte um ihrer Übelthaten willen betreffen, und wenn wir diese Unglückseligen als das Ziel der Rache Gottes betrachten, über die seine Gerechtigkeit alle ihre Zornschalen ausgießt. Diese Art des Unheils ist ein sträflicher Vorwitz, der sich anmaßt, die Absichten der göttlichen Rathschlüsse einzusehen und nach seinen Einsichten auszulegen. (...) So ist der Mensch im Dunkeln, wenn er die Absichten erraten will, die Gott in der Regierung der Welt vor Augen hat" (Immanuel Kant: „Von den Ursachen der Erderschütterungen", Kants Werke, Akademie-Textausgabe. Berlin 1968, Bd. 1, S. 459 f.). – Offenbar teilte Kleist diese Auffassung. In einem Brief an seinen Freund Rühle von Lilienstern schreibt er (am 31. August 1806): „Es kann kein böser Geist sein, der an der Spitze der Welt steht; es ist ein bloß unbegriffener!" Diesen Gedanken kann man gut auf die (möglicherweise zur gleichen Zeit entstandenen) Erdbeben-Erzählung anwenden. Die gegenaufklärerische Strafauffassung wird zweifach in Frage gestellt: Erstens richten sich ihre Vertreter (Prediger und „Mordknechte") im Urteil des Lesers durch ihr barbarisches Verhalten selbst. Zweitens aber führt Kleist die bibelgläubige Deutung, Gott strafe menschliche Sünden nach dem **Sodom-und-Gomorrha-Schema** (Genesis 18), höhnisch **ad absurdum**: Gerade als die Frommen „dem Schauspiele, das der göttlichen Rache gegeben wurde" (S. 8), entgegenfiebern, bricht das Erdbeben los und tötet – die Frommen, während die vermeintlich Bösen, das Liebespaar also, durch genau dieses Erdbeben gerettet werden. **Das Erdbeben ist Katastrophe und Glücksfall zugleich.** Aber es ist **kein Zeichen göttlichen Wirkens**, auch kein segensreiches, wie Josephe und Jeronimo annehmen. Ihnen gilt die Sympathie des Lesers, der sich mit ihnen freut, dass sie dank des Erdbebens entkommen – und erleben muss, dass auch sie sowohl das Erdbeben als auch die vorübergehende Aufhebung der alten Machtstrukturen falsch interpretieren, nämlich als gottgewollt und als allgemein und dauerhaft. Sie hätten entkommen können, aber **sie deuten die Lage falsch** und entscheiden sich deshalb falsch. Sie selbst wollen Gott danken, aber die anderen wollen einen Sündenbock. Die Vorzeichen sind entgegengesetzt, aber die Intensität der Gefühle ist dieselbe. Auch die **Denkschemata** sind dieselben, und sie sind **in gefährlicher Weise religiös befangen**. Klug ist Donna Elisabeth, die zu warnen versucht. Die beiden Liebenden sind unschuldige Opfer, aber ihre Arglosigkeit wird ihnen zum Verhängnis. **Gott ist nicht bei den Bösen**, denn er bewahrt sie nicht vor Verfehlung der christlichen Lehre. **Gott ist aber auch nicht bei den Guten**, denn er bewahrt sie nicht davor, sich verblendet den Bösartigen auszuliefern. Diese **bittere Pointe** ist versteckter als die offensichtliche Kritik am religiösen Fundamentalismus, aber erst durch sie gewinnt die Erzählung ihre thematische Konsequenz.

Kritik aller religiösen Deutungen

Familienbilder zwischen Realität und Ideal

Wichtig ist schließlich das **Familienmotiv**, das Kleist auch sonst immer wieder beschäftigt und zu den Grundmotiven seines gesamten Werkes gehört. Der psychosoziale Mikrokosmos der Familie wird in drei Variationen thematisiert: Die Familie Josephes gehorcht den traditionellen, nicht reflektierten klerikal-juristischen Wertvorstellungen. Die Liebe der beiden jungen Leute ist illegitim, der Bruder denunziert sie, der Vater gibt Josephe zur Strafe ins Kloster. Als sich die Familie nach der skandalträchtigen Geburt auf der Kirchentreppe für sie einsetzt, ist es zu spät. Dasselbe Muster wird, in äußerster Verknappung und Zuspitzung, angespielt, als Jeronimos Vater seinen Sohn beim Gottesdienst identifiziert – und totschlägt. – Dem gegenüber steht die zur Heiligen Familie stilisierte Gruppe mit Josephe, Jeronimo und dem unehelichen Kind Philipp. Sie folgen nur einer Richtschnur: ihrer Liebe. Diese Familie kann in dieser Welt nicht bestehen. Die Eltern werden im Namen der konventionellen Familienvorstellungen der Eltern von Josephe und Jeronimo ermordet. – Als dritte Variation wird die Gruppe Don Fernando, Donna Elvire und Philipp ins Spiel gebracht. Die **aufopferungsvolle Hilfsbereitschaft** zeichnet **Don Fernando** aus, die Weigerung, am Hinrichtungsspektakel teilzunehmen, Donna Elvire. Ihnen wird das gerettete Kind anvertraut, das sie in Pflege nehmen. Möglicherweise – dafür spräche die hervorgehobene Position am Schluss der Erzählung – deutet Kleist hier trotz des skeptischen „als ob" an, dass in der **Verbindung von tätiger Menschenliebe und vorurteilsfreier Nachdenklichkeit** dann doch ein **Hoffnungsschimmer** gesehen werden darf.

Auf einen Blick

- Erdbeben als rein zufälliges Ereignis – Katastrophe und Glücksfall zugleich
- Kritik an religiöser Sinngebung der Naturkatastrophe durch die frommen Fanatiker und die arglosen Liebenden
- Anknüpfung an eine aufklärerische Debatte: Theodizee-Diskussion nach dem Erdbeben von Lissabon 1755
- Antithetische Verwendung des Familienmotivs

Arbeitsschritte Interpretationsaufsatz

1. Arbeitsschritt:
Erstes Textverständnis/
Verstehenshypothese formulieren

↓

2. Arbeitsschritt:
Text aspektorientiert erschließen

↓

3. Arbeitsschritt:
These(n) zur Textdeutung formulieren

↓

4. Arbeitsschritt:
Gliederung erstellen

↓

5. Arbeitsschritt:
Klausur schreiben

↓

6. Arbeitsschritt:
Klausur überarbeiten

Spickzettel

zum Klausurtraining
„Die Marquise von O…"/„Das Erdbeben in Chili"

Prüfungsanforderungen

„Die Marquise von O…" „Das Erdbeben in Chili" – Wichtiges in aller Kürze

Analyse epischer Texte

- Erschließungsaspekte Epik
- Fachbegriffe Epik
- Arbeitsschritte Interpretationsaufsatz

Erzählform

Der Autor wählt mit dem Erzähler auch eine bestimmte Erzählform (Er-/Sie-Erzähler oder Ich-Erzähler).

Erzählverhalten

Beim **auktorialen** Erzählverhalten hat der Erzähler einen Überblick über das Geschehen und das Innere der Figuren (allwissender Erzähler). Er kann sich einmischen, kommentieren usw. und damit die Sicht- und Wahrnehmungsweise des Erzählten durch den Leser lenken. Sein Standort liegt außerhalb des Geschehens.
Beim **personalen** Erzählverhalten übernimmt der Erzähler eine Figurenperspektive und erzählt aus deren Sicht. Er ist am Geschehen unmittelbar beteiligt.
Sowohl der Er-/Sie-Erzähler als auch der Ich-Erzähler können jeweils auktorial oder personal erzählen.
Beim **neutralen** Erzählverhalten scheint der Erzähler ganz zu verschwinden. Das Geschehen wird dem Leser scheinbar unvermittelt vor Augen gestellt.

Erzählperspektive

Die Erzählperspektive ist die Position des Erzählers (Blickwinkel) gegenüber den von ihm erzählten Geschehnissen (Nähe, Abstand/Distanz). Diese können aus der Innen- oder Außenperspektive erzählt werden.

Erzählhaltung

Die Erzählhaltung ist die Einstellung, mit der der Erzähler dem Leser die fiktionale Welt vermittelt (sachlich, ironisch, humorvoll, kritisch, melancholisch, …).
Diese wirkt sich auf die Art der Darstellung und die Sprachverwendung aus.

Darstellungsformen

Der Erzähler verfügt über unterschiedliche Darstellungsformen, um dem Leser das Geschehen zu präsentieren. Er kann selbst erzählen, oder aber er lässt seine Figuren sprechen, z. B. in direkter oder indirekter Rede, in „Erlebter Rede" oder „Innerem Monolog".

Erzähler	Figuren (Personen)
Bericht: straffe, geraffte Darstellung der Handlung in zeitlicher Abfolge	**Direkte Rede**
Beschreibung: anschauliche Darstellung z. B. von Schauplätzen, Figuren, Gegenständen	**Indirekte Rede**
Szenische Darstellung: breite Erzählweise, meistens mit erzählter Figurenrede und Entfaltung der Situation (vgl. Szene im Drama)	**Erlebte Rede:** Wiedergabe von Gedanken und Gefühlen einer Figur in der 3. Person (ohne direkte oder indirekte Rede)
Kommentar: Eingreifen des Erzählers mit Bemerkungen, Urteilen oder Überlegungen	**Innerer Monolog:** Wiedergabe von Gedanken und Gefühlen einer Figur in der 1. Person

Anforderungen

1 Anforderungsbereiche

Die von Ihnen erwarteten Leistungen bei der Lösung einer Prüfungsaufgabe/einer Aufgabenstellung sind in der Regel drei Anforderungsbereichen (AFB) zugeordnet.

Anforderungsbereich I (AFB I): Reproduktion

- Den Inhalt eines eher einfachen Textes oder fachlichen Sachverhalts eigenständig wiedergeben
- Textart, Aufbau und Strukturelemente eines Textes unter Verwendung fachspezifischer Begriffe (Fachbegriffe, Fachterminologie) erkennen und bestimmen
- Fachspezifische Kenntnisse und Methoden in die Darstellung einbringen
- Teilergebnisse sinnvoll ordnen und verknüpfen
- Ergebnisse sprachlich angemessen formulieren
- Richtig zitieren

Anforderungsbereich II (AFB II): Reorganisation und Transfer

- Den Inhalt eines schwierigen Textes oder Sachverhalts eigenständig zusammenfassen
- Die Struktur eines Textes erfassen
- Die Argumentation eines Textes beschreiben

Typen des Romans

Man unterscheidet die Romane teils nach Stoffen und Themen, z. B.

- Kriminalroman
- Abenteuerroman
- historischer Roman
- Künstlerroman
- Eheroman
- Bildungsroman

teils nach der Form

- Briefroman
- historischer Roman

Fachbegriffe Epik

Erzähler

Der Erzähler in epischen Texten ist nicht mit dem Autor identisch. Vielmehr „erfindet“ oder „wählt“ der Autor den Erzähler (die Erzählerfigur, die Erzählform), der gleichsam zwischen Autor und Lesern vermittelt und den Lesen die „erzählte Welt“, die fiktive Geschichte mit ihren Figuren, dem Raum und der Zeit, der Handlung präsentiert. Die Präsenz und Aktivität der Erzählerrolle hängt eng zusammen mit der **Erzählstrategie**, d. h. der bewussten Verwendung der verschiedenen Gestaltungsmittel und Techniken des Erzählens.

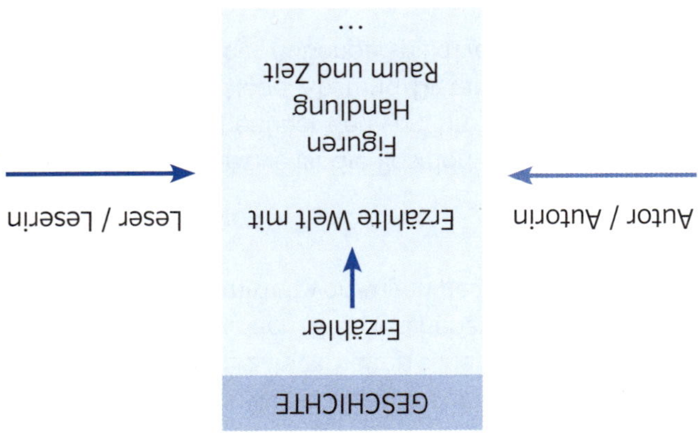

Handlung

Der Autor gestaltet in seinem erzählenden Text einen **Stoff**, der ihm als Ausgangs- und Rohmaterial dient (geschichtlicher Stoff, Kriminalfall, Liebesgeschichte, …). Die Ereignisse „komponiert“ der Autor, d. h. er verknüpft sie zu einem sinnvollen Zusammenhang mit Anfang und Ende und sich schlüssig auseinander entwickelnden Geschehnissen. Dieses durch **Komposition** gestaltete Gesamtgeschehen nennt man **Handlung**. Von den Mythen bis zu Geschichten in Filmen haben sich in der kulturellen Entwicklung bestimmte **Handlungsmuster** herausgebildet, die Autoren aufgreifen und umgestalten (Liebestragödie, Rettung der Welt von dem Bösen, abenteuerliche Reise des Helden, Figuren in Konflikten, Road Movie, …). Sie hängen eng mit den verschiedenen **Erzählgenres** zusammen.

Man kann unterscheiden zwischen

- **Haupthandlung und Nebenhandlung(en)**
- **Rahmen- und Binnenhandlung**
- **äußerer Handlung** (äußere Ereignisse) **und innerer Handlung** (Inneres der Figuren)

Die Handlung kann strukturiert sein:

- durch die zeitliche Abfolge der Ereignisse (z. B. synchron – diachron; kontinuierlich – diskontinuierlich)

Merkmale des Romans

- eine erzählende Großform von mindestens hundert bis zu mehreren hundert Seiten, also wesentlich umfangreicher als epische Kleinformen wie z. B. Kurzgeschichte, Kalendergeschichte, Parabel, Novelle usw.
- meistens „mehrsträngige" **Handlung**, also mehrere, miteinander verflochtene Erzählstränge mit verschiedenen Schauplätzen und Zeiten
- reichhaltiges und meist durch vielfältige Beziehungen (z. B. Liebe, Neid, Eifersucht, Hass, Rachedurst, Hilfsbereitschaft, …) miteinander verknüpfte **Figuren**
- **Figurenkonstellation** oft gekennzeichnet durch Grundmuster wie z. B. den „Helden" oder die „Mittelpunktsfigur", „Spieler und Gegenspieler" oder ein „Dreiecksverhältnis"
- Entfaltung eines **breiten Wirklichkeitsausschnitts**, z. B. einer bestimmten geschichtlich-gesellschaftlichen Situation, die sich in den Beziehungen der Figuren spiegelt

- Wortschatz, Satzbau und poetische Mittel eines Textes auf ihre Funktion und Wirkung hin untersuchen
- Aus dem Unterricht bekannte gestalterische Verfahren funktionsgerecht verwenden
- Aus dem Unterricht bekannte Untersuchungsmethoden auf vergleichbare neue Gegenstände anwenden
- Für eine literarische Epoche charakteristische Erscheinungen in einem Text aufzeigen

Anforderungsbereich III (AFB III) : Reflexion und Problemlösung

- Intentionen und Wirkungsmöglichkeiten eines Textes ermitteln und beurteilen
- Die in einem Text vertretene Position in umfassendere theoretische Zusammenhänge einordnen
- Aus den Ergebnissen einer Textanalyse Schlüsse ziehen
- Bei gestalterischen Aufgaben selbständige und zugleich textangemessene Lösungen erarbeiten
- Die eigene Gestaltung reflektieren, erläutern und begründen
- Fachspezifische Sachverhalte begründet werten und einen Standpunkt argumentativ vertreten
- Hypothesen aufstellen und überprüfen
- Eine eigene Konzeption für die Bearbeitung einer komplexen Aufgabe entwickeln

Erschließungsaspekte Epik

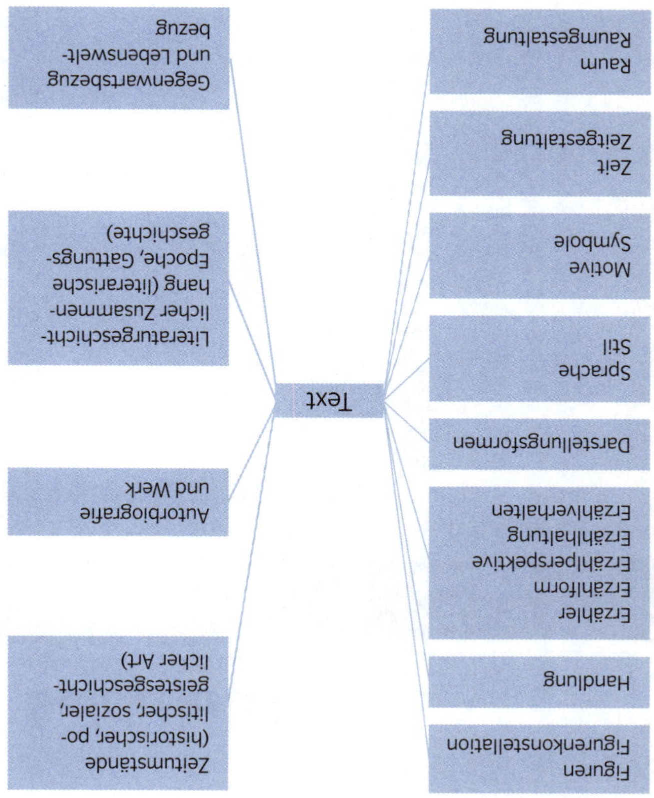

- durch die Handlungsstränge (einsträngig/linear – mehrsträngig, verflochten)
- durch ein oder mehrere Motive (wiederkehrende thematische Elemente)
- andere erkennbare formale Strukturen (Spiegelungen, Kreisform, Simultaneität, montagehaft, multiperspektivisch, …)

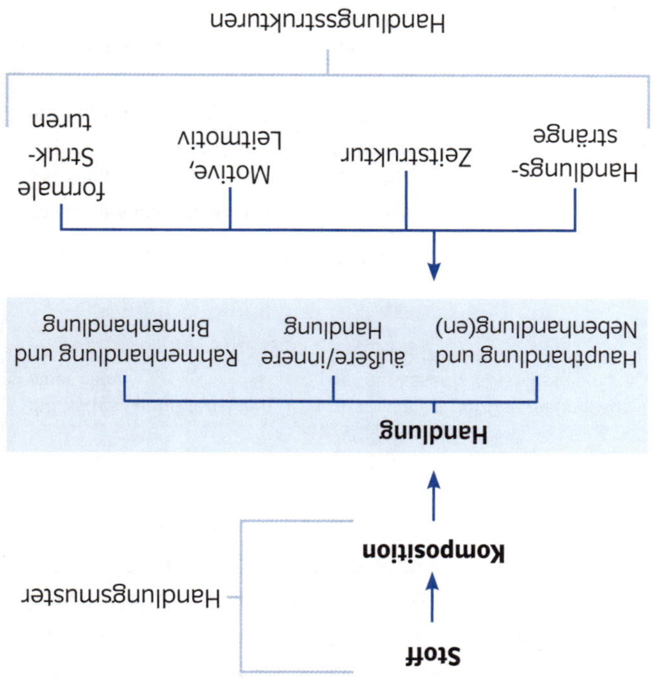

Spickzettel

zum Klausurtraining
„Die Marquise von O…"/„Das Erdbeben in Chili"

„Die Marquise von O…" „Das Erdbeben in Chili" – Wichtiges in aller Kürze

Epische Genres

Der Autor wählt mit dem Erzähler auch die epische Form oder die **Erzählgattung**, in der er das Geschehen präsentieren will, z. B.

- Roman
- Novelle
- Parabel
- Kurzgeschichte

Diese Formen unterscheiden sich nach Länge, Struktur, typischer Thematik und epochenspezifischer Verbreitung. So entstand z. B. der Typ des „Bildungsromans" im 18. Jahrhundert, die Novelle hatte im 19. Jahrhundert (Realismus) einen Höhepunkt, die Kurzgeschichte wurde in Deutschland erst nach dem 2. Weltkrieg verbreitet.

Spickzettel

zum Klausurtraining
„Die Marquise von O…"/„Das Erdbeben in Chili"

Analyse epischer Texte

Figuren

Der Erzähler kann seine Figuren (Personen) auf vielfältige Weise gestalten, er kann sie z. B. **direkt** charakterisieren (beschreibend oder wertend) oder eine Figur eine andere (direkt) charakterisieren lassen; er kann sie auch **indirekt** charakterisieren, so dass sich der Leser/die Leserin aus dem Verhalten und den Äußerungen der Figur selbst ein Bild von dessen Charakter machen muss. Der Gestaltung einer Figur liegt eine bestimmte **Figurenkonzeption** zugrunde: Figuren können gestaltet sein als Typen, individuelle Charaktere, statisch oder dynamisch (Entwicklung) etc.

direktes Charakterisieren einer Figur	durch den Erzähler durch eine andere Figur durch die Figur selbst
indirektes Charakterisieren einer Figur	durch die Art der Darstellung, aus der der Leser Rückschlüsse auf Eigenschaften etc. der Figur zieht

Aspekte der Charakterisierung können sein:

das äußere Erscheinungsbild	Alter, Aussehen, Kleidung, …
das äußere Verhalten	Sprechweise, Mimik und Gestik, Gebärdensprache, Handeln, …
die innere Einstellung	Interessen, Absichten, Gedanken, Gefühle, …
die Lebensumstände	das gesellschaftliche Umfeld, Beruf, ökonomische Lage, …

Raum/Raumgestaltung

Der Erzähler kann den Schauplatz oder „Raum" der Handlung gestalten, je nachdem, welche Bedeutung und Funktion er haben soll. Man kann Grundfunktionen der Schauplatzgestaltung unterscheiden:

Schauplatz, Ort	der Schauplatz der Handlung an sich kann bedeutungskonstituierend sein (Innenraum, öffentlicher Raum, Außenwelt, …); die einfache Beschreibung des Ortes kann bereits Aufschluss über Figurenkonstellationen oder Handlungszusammenhänge geben
Ambiente	die soziale Umwelt als Ausdruck des gesellschaftlichen Lebensstils einer Figur; Widerspiegelung der gesellschaftlichen Umwelt der Figur, z. B. bei Kleidung, Wohnung, Haltung, …
Soziales Milieu	die soziale Umwelt in ihrer Funktion als kausal-determinierendes Milieu, das die Figur in ihrem Denken, Fühlen, Handeln, Sprechen prägt
Stimmungsraum	die Unterstreichung des Gemütszustandes einer Figur durch eine bestimmte Atmosphäre, z. B. Gewitterschwüle (kurz vor einer emotionalen Eruption der Figur), Sonnenschein (Heiterkeit und Gelassenheit der Figur), Regen (Traurigkeit der Figur)
Symbolischer Raum	die Verdichtung der gesamten Thematik, z. B. eines Romans, in anschaulichen, bedeutsamen Bildern (Symbolen) mit Verweisfunktion

„Die Marquise von O…" – in aller Kürze

Entstehung und Merkmale beider Erzählungen

Heinrich von Kleist (1777–1811) veröffentlichte die beiden Erzählungen als 30-Jähriger – „Das Erdbeben in Chili" im September 1807, „Die Marquise von O…" im Februar 1808; sie erschienen 1810 gesammelt im ersten Band seiner „Erzählungen".
In beiden Texten gestaltet er ein **dramatisch zugespitztes Geschehen** (deshalb spricht man auch von Novellen). Seine Figuren müssen sich in **Extremsituationen** zurechtfinden, in denen die Welt aus den Fugen geraten ist. Die Erzählungen sind vieldeutig, weil Kleist bei aller Klarheit des Handlungsablaufs **keinen verbindlichen Interpretationsrahmen** mitliefert: Weder der Erzähler noch der Autor erklären, wie das Geschehen zu verstehen und zu bewerten sei. Das erzwingt die **Deutungsanstrengung** des Lesers, die wiederum eine genaue Lektüre und die Feststellung bedeutsamer Korrespondenzen voraussetzt.

Thema

Nach dem Muster einer **analytischen Erzählung** (= ein anfangs mitgeteilter rätselhafter Sachverhalt wird nach und nach aufgedeckt) gestaltet Kleist, wie eine angesehene junge Witwe und Mutter, die im Zustand der Bewusstlosigkeit von einem adligen Offizier, der ihr zunächst das Leben rettet, vergewaltigt und geschwän-

Aufbau

Die **Dreiteiligkeit des Aufbaus** entspricht dem dreiteiligen biblischen und aufklärerischen **Modell des Geschichtsablaufs** von Paradies/idealem vorgesellschaftlichem Naturzustand – Menschheitsgeschichte voller Sünde/Gewalt – Reich Gottes/Wiedererlangung eines vollkommenen, utopischen Glückseligkeitszustandes. Kleist, obwohl aufklärerischen Idealen zuneigend, variiert dieses triadische Modell allerdings skeptisch, ja **pessimistisch**: Nur für kurze Zeit, als infolge des Erdbebens alle kirchlichen und politischen Institutionen außer Kraft gesetzt sind, kann sich in zivilisationsferner Naturidylle (Tal außerhalb der Stadt) ein idealer Zustand gegenseitiger menschlicher Fürsorge entfalten („als wenn es der Garten Eden wäre"). Dieses Idyll ist eingerahmt von der Darstellung menschenfeindlicher kirchlich-politischer Ordnung in der Stadt (als Ort der Zivilisation), in der die aufrichtige, aber unerlaubte Liebe zweier junger Menschen aufs schärfste verfolgt wird. Die Hinrichtung, die im ersten Teil durch das Erdbeben vereitelt wird, wird im dritten Teil auf fürchterlichste Weise vollstreckt.
Diesem pessimistischen Szenario wird jedoch das todesmutige Eintreten Don Fernandos für die Liebenden entgegensetzt – und im **Symbol** des geretteten und von Don Fernando und seiner Frau aufgenommenen „Kindes der Sünde" findet sich die Andeutung, dass ein menschlicheres Zusammenleben doch möglich sei.

Figurenkonstellation

Der Erzähler plant auch die Beziehungen zwischen den Figuren sorgfältig, so dass man diese in einem Figurenkonstellationsschema abbilden kann. Es gibt **Haupt- und Nebenfiguren**. Dabei kommen Grundkonstellationen immer wieder vor:

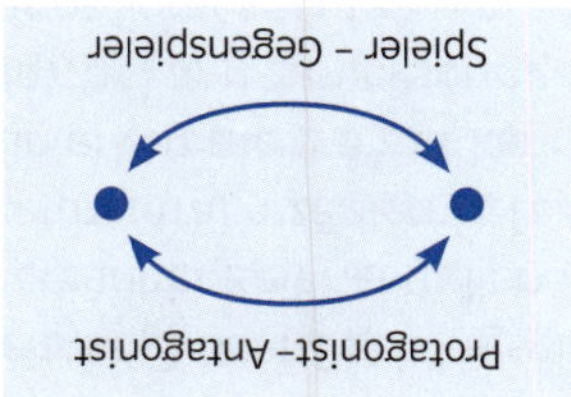

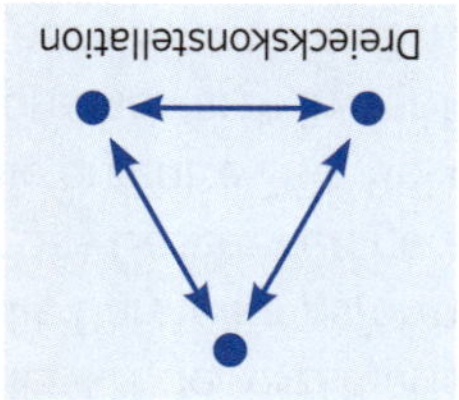

gert wird, über ihren Zustand beinahe an sich irre wird und dann den Vater ihres Kindes sucht. Dabei gerät sie in scharfen Gegensatz zu ihrer Familie und den herrschenden sozialen Normen.

Figuren

Unter dem Druck der Situation durchlaufen alle Beteiligten einen schmerzhaften **Entwicklungsprozess**, bis sie in der Lage sind, sich von ihren anfänglich starren Denk- und Verhaltensmustern zu lösen, die „gebrechliche Einrichtung der Welt" (Kleist) anzuerkennen und am Schluss wieder zusammenfinden.
Für die **Marquise** führt die Verstoßung durch ihre Familie letztlich zu größerer Selbstbestimmung. Außerdem überwindet sie ihr unangemessenes Entweder-oder-Denken, wonach der adlige Offizier (ihr Lebensretter und Vergewaltiger) entweder nur ein „Engel" oder nur ein „Teufel" sein kann, und erkennt, dass in ihm beide Anlagen ruhen und er seine Schandtat aufrichtig bereut. So kann sie schließlich in die Heirat einwilligen.
Der **adlige Offizier** durchläuft eine Entwicklung von ungezügelter Triebhaftigkeit und ungestümem Drängen zu geduldiger Hingabe.
Der **Vater** der Marquise erlebt, wie sein Festhalten an rigiden Vorstellungen von Moral und Sittsamkeit zum Zerbrechen seiner autoritären Vaterrolle führt.

erzählte Zeit	Erzählzeit
Der Zeitraum, über den sich das erzählte Geschehen erstreckt, markiert durch Anfang und Ende der Geschichte	Die Zeit, die man zum Erzählen oder Vortragen bzw. zum Lesen der erzählten Geschichte braucht

Zeitgestaltung	Darbietungsform	Verhältnis von Erzählzeit und erzählter Zeit
Zeitraffendes Erzählen	Erzählerbericht	Erzählzeit < erzählte Zeit
Zeitdeckendes Erzählen	Szenische Darstellung	Erzählzeit = erzählte Zeit
	Erzählerkommentar, Erzählerreflexion	Erzählzeit - - -
Zeitdehnendes Erzählen	Innerer Monolog, Bewusstseinsstrom	Erzählzeit > erzählte Zeit

Zeit/Zeitgestaltung

Der Erzähler kann die Zeit unterschiedlich gestalten. Dabei ist zu unterscheiden zwischen **erzählter Zeit**, also der Zeit, über die sich das erzählte Geschehen erstreckt, und der **Erzählzeit**, also der Zeit, die man zum Erzählen oder Vortragen bzw. zum Lesen braucht.
Der Erzähler kann die erzählte Zeit raffen **(Zeitraffung)**, dehnen **(Zeitdehnung)** oder Deckungsgleichheit zwischen Erzählzeit und erzählter Zeit herstellen **(Zeitdeckung).**
Er kann auch zeitneutral erzählen (z. B. beim Beschreiben oder beim Erzählerkommentar), er kann in der Zeit springen (Zeitsprung), er kann zurückspringen (Rückblende) oder auf Künftiges vorausdeuten (Vorausdeutung).
Mit der Art der erzählerischen Zeitbehandlung korrelieren die Darstellungsformen. So wird z. B. im Erzählerbericht das Geschehen gerafft, die Erzählzeit ist also kürzer als die erzählte Zeit. Bei der szenischen Darstellung entsprechen sich in der Regel Erzählzeit und erzählte Zeit, es herrscht also Zeitdeckung. Zeitdehnung kann z. B. bei langen Figurenmonologen (z. B. beim Inneren Monolog) vorkommen.
Wenn man, z. B. in einem Roman, Erzählzeit und erzählte Zeit in Zusammenhang bringt, bekommt man eine „Erzählkurve", die die Zeitgestaltung anzeigt.

„Das Erdbeben in Chili" – in aller Kürze

Thema

In freier Gestaltung eines historischen Ereignisses (Erdbeben in Chile 1647) greift Kleist eine wichtige zeitgenössische Diskussion auf, die sich nach dem verheerenden **Erdbeben von Lissabon** im Jahre 1755 entsponnen hatte: Was ist angesichts einer solchen Naturkatastrophe vom aufklärerischen Optimismus zu halten, die Welt sei bestens eingerichtet? Und wie kann ein allgütiger, allwissender und allmächtiger Gott solch massenhaftes schuldloses Leiden zulassen (**Theodizeefrage**)?
Die **Handlung widerlegt mit grausiger Ironie die religiösen Sinngebungen**, die die **antithetisch angelegten Figurengruppen** der Naturkatastrophe geben: Die frommen Fanatiker deuten das Beben als Strafe Gottes für sündhaftes menschliches Verhalten, vor allem der beiden Liebenden, Josephe und Jeronimo, deren unerlaubtes Liebesverhältnis in der Geburt eines Kindes öffentlich wird. Gerade die vermeintlich Rechtgläubigen kommen beim Erdbeben um. Die vermeintlichen Sünder hingegen überleben und entkommen der über sie verhängten Strafe. Sie begreifen das Erdbeben als Rettungstat Gottes – und liefern sich im Wunsch, Gott zu danken, verblendet selbst den Fanatikern aus, die sie nach einem gemeinsam besuchten Gottesdienst, angestachelt von der Hasspredigt des Geistlichen, bestialisch ermorden.